イーロン・マスクともくろむ
中国のパラダイム・チェンジ

嗤《わら》う習近平の白い牙

遠藤 誉
Homare Endo

ビジネス社

はじめに

2024年4月4日、フランスのメディアが「中国製造業の津波が襲ってくる」と警告を発した。世界の製造業の35％は中国が独占し、残り8ヵ国の合計を上回っている。中でもEVの販売台数は中国が地球上の、中国以外の国の総生産台数の1・6倍という数値を叩き出し、EV用リチウムイオン電池に至っては中国が全世界の79％を占めるという一人勝ち状態だ。

そのような中、4月10日に岸田首相はバイデン大統領と会談した。政治資金パーティーの裏金問題などで支持率が16％台にまで下落し支持率浮上を狙ったのだろうが、11月に大統領選を控えるバイデンとは同床異夢《どうしょういむ》。対中・対露制裁に焦点を当てて防衛力の増強で団結してみせたものの、ニューヨーク・タイムズは「数十年かけても中国のEVに追いつける国はない」と断言している。しかもリチウムイオン電池正極のアメリカのシェアはわずか1％だという。

米一極支配にこだわるバイデンにとって中国に負けることだけは絶対にあってはならない。残るは台湾――。独立派を支援し、なんとか中国が台湾を武力攻撃する方向に持っていき、中国を潰《つぶ》す以外に道はない。NED（全米民主主義基金）が「民主の衣」を着て世界中に戦争を巻き起こし、日本も完全にそのマインドコントロール下にあるので、日本にはそれが見えていない。

ＮＥＤを主導するのはネオコン（新保守派）で、トランプはネオコンとは無関係だ。ネオコンと違って戦争ビジネスで国家運営をしていこうとはしていない。あくまでもビジネスマンらしく「ディール」（取引）で勝負し、戦争を嫌う珍しい大統領だった。ＮＥＤを使って他国の内政への干渉をすることも嫌い、「アメリカ・ファースト」でアメリカを偉大にさせようとするのがスローガンだ。

もし11月に大統領に当選すれば「ウクライナ戦争を24時間以内に終わらせる」とトランプは豪語し、「台湾有事の場合にアメリカが台湾を助けに行くか」という、テレビ番組での質問に対して「ノーコメント」を貫いた。これは「助けに行かない」ことを示唆《しさ》するとして、台湾に激震が走った。

２０２４年3月13日にアメリカ議会下院が「中国の企業バイトダンスが運営するＴｉｋＴｏｋのアメリカ国内でのアプリ配信禁止令」を可決させると、トランプが反対を表明した。

これらの事実から、中国とアメリカ大統領選および台湾有事との関係が浮かび上がってくる。

本書の第一章では、ＴｉｋＴｏｋ問題を入り口にしてアメリカ大統領選と台湾有事を解き明かす。バイデン政権がＴｉｋＴｏｋのアプリ配信禁止令を出してトランプが反対したということは、ＴｉｋＴｏｋはトランプに有利に作用している可能性があることになる。中国がトランプ政権の誕生を望んでいる可能性につながるわけだ。トランプが台湾有事に触れようとしないのも、中国には歓迎的な話にちがいない。高関税などは、第七章をお目通しいただければ、問題でもないことが見えてくるはずだ。

第二章では、トランプ発言に対する台湾の激しい動揺を追跡し、5月20日に発足する民進党の頼清徳《らいせいとく》政権が抱える諸問題を、選挙過程を吟味《ぎんみ》しながら考察した。またトランプ発言と関係なく発表されている多くの台湾世論のデータは、台湾人は現状維持か独立志向があるものの、「いざとなったらアメリカが台湾を助けてくれない」と思っている者が多い事実を露《あら》わにしている。

では、習近平はどうするのか？

第三章では、習近平が台湾問題をどのように動かしていこうとしているのかを考察した。もちろんアメリカのお膳《ぜん》立てにより1971年10月に国連で「中国を代表する国として中華人民共和国一国しかない」ことが認められたために共産中国が国連に加盟し、「中華民国」台湾は国連から脱却せざるを得ないところに追い込まれた。中国はこの日から「台湾は中国の神聖なる不可分の領土」として憲法にまで明記している。だから「平和統一」以外には考えていない。

しかしアメリカがＮＥＤを使って台湾独立を煽《あお》り続けている中、万一にも台湾が独立を宣言しようとしたら、2005年に制定した「反国家分裂法」が火を噴き、武力により「分裂分子」を鎮圧するしかない。そのとき習近平は台湾包囲網により台湾の港湾を封鎖し、台湾のエネルギー源を断つ方法しか採らないだろう。それさえも回避するために、習近平は経済で世界を搦《から》め取り、2035年まで待って台湾統一を成し遂げる方向に動くにちがいない。

それを可能ならしめるのが、第五章から第七章で描いた「嗤《わら》う習近平」だ。

第五章では、ウクライナ戦争に決して軍事参加しない状態で、制裁を受けるロシアを経済的に支える習近平が「嗤わずにはいられないほどの利益を享受している」現実を徹底して分析した。

第六章で描いたのは、ガザ紛争で「漁夫の利」を得て「嗤う習近平」だ。

何と言ってもガザ紛争は、イランとサウジアラビア（以後、サウジ）を和解させて中東で力を発揮し始めた習近平に嫉妬《しっと》したバイデンの行動が原因となっている。アメリカの盟友であったはずのサウジが、アメリカの政敵イランと和解しただけでなく、こともあろうに中国に近づいて中東における和解雪崩《なだれ》現象を起こさせている。そのようなことを黙認したら中東におけるアメリカの居場所がなくなる。

そこでバイデンはサウジに甘い条件をちらつかせて、サウジとイスラエルの国交樹立を目論んだ。

それが許せなかったのがパレスチナだ。

中東の盟主であるようなサウジまでがイスラエルと国交を結べば、第二次世界大戦後、土地を奪われ見捨てられてきたパレスチナ人たちの苦難は完全に忘れられてしまう。それをさせないためにパレスチナのガザ地区にいるイスラム組織ハマスがイスラエルに向けて大規模急襲をしたのがきっかけで、イスラエルによる無残な報復攻撃が始まったのである。

イスラエルの残虐性に激怒したイエメンのフーシ派が紅海を通過するイスラエル船舶を攻撃し、アメリカがそのフーシ派の活動根拠地を攻撃すると、フーシ派はイスラエルとアメリカの船舶を攻撃するようになった。このときフーシ派は「中国とロシア」およびその友好国の船舶は攻撃しないと宣言。そのため紅海を通過する、イスラエルとアメリカ以外の船は、中国の船にくっついて自らの安全を図る「小判鮫《こばんざめ》」現象が現出するに至る。

フーシ派が「中露の船舶は攻撃しない」と宣言したのは、習近平がイランとサウジを和解させて、中東に平和をもたらそうとしたからだと中国側は位置づけている。フーシ派の後ろにはイランがあり、中国はイランと仲がいい。どうしてもフーシ派の攻撃を撃退できないバイデンは、習近平に腰を低くして「イランを説得してくれ」と頼む始末。バイデンのほうから習近平に電話して、米政府高官の北京詣《もう》でが始まった。

もっとも北京詣でのもう一つの目的は、第七章で詳述する「欧米が恐れる中国製造業が巻き起こす津波」があるからだ。

習近平は、実は「中国経済のパラダイム・チェンジ」を狙っている。日本メディアは、不動産バブル崩壊で中国経済が明日にも崩壊すると燥《はしゃ》いでいるが、習近平は「不動産からハイテク産業に」軸足を移し、「GDPの量から質への転換」を断行しているのである。その実態を数多くのデータを駆使して精査した。また、なぜ中国のEVがこんなにまで強くなったのかを、フォルクスワーゲンを例にとって徹底的に解剖した。と同時に、第七章の四では中国EV飛躍の陰にある**習近平とイーロン・マスクの秘話**をご紹介した。興味のある方は確認してみていただきたい。

なお第四章で明らかにした「ヌーランドとモスクワ・テロの真相」では、モスクワに帰国した昔の教え子との間の、テロ逃亡犯たちのルートに関するリアルタイムでのやり取りから浮かび上がった真相をご紹介したい。

プーチンが主張する「テロの背後にはウクライナがいる」に関しては、更迭《こうてつ》が決まったヌーランドが最後の置き土産として事前にウクライナに行き、「プーチンに驚きのプレゼントをすることになる」と叫ぶのだが、そのときヌーランドは某人物（「殺し屋」として名高いウクライナ政府高官の一人）に会っていたことを突き止めた。

本書タイトルにある「白い牙《きば》」は、拙著『習近平が狙う「米一極から多極化へ」台湾有事を創り出すのはCIAだ！』で詳述した習近平の哲理「兵不血刃《ひょうふけつじん》」（刃《やいば》に血塗らずして勝つ）の構えを表している。「習近平は牙（野心）を光らせてはいるが、その牙を血で染めることなく（戦争をすることなく）世界経済を搦《から》め取っていく」ことを意味する。

もちろん言論弾圧をする中国は受け容れられない。NEDが大陸にも潜入し白紙運動を企てたり香港では民主化運動を煽ったりするので、習近平政権になってからはさらに言論統制が厳しくなった。「民主の衣」を着て戦争を仕掛けるアメリカと、戦争はしないが言論弾圧をする中国。トランプが大統領に当選すれば、より複雑な様相を呈するだろう。選挙期間中は何が起きるかわからない。バイデンやトランプ以外の候補者が有力になる可能性だってあり得る。しかし中国はそんなことを気にせず、欧州の一部まで抱き込みながら非米側陣営を束ねていくにちがいない。

本書が混迷する世界情勢を俯瞰《ふかん》的に見渡し、習近平の戦略を解明する一助になれば幸いである。

第三章　習近平は台湾をどうするつもりなのか？

第四章　ヌーランドとモスクワ・テロの真相

第五章　ウクライナ戦争と「嗤う習近平」

第六章　ガザ紛争で「漁夫の利」を得る習近平

第七章　習近平が狙う中国経済のパラダイム・チェンジ

第一章

TikTokと米大統領選と台湾有事

一　TｉｋＴｏｋ禁止令に反対したドナルド・トランプ

２０２４年３月13日、アメリカ議会下院は安全保障上の懸念があるとして、中国企業バイトダンス（ByteDance）が運営するＴｉｋＴｏｋの国内でのアプリ配信禁止令法案を超党派で可決した。アメリカ国内での事業を１８０日以内にアメリカに売却しなければ、国内での利用を禁止するという。

理由は「敵対国からの安全保障上の脅威」だとしているが、実はアメリカ大統領選におけるプロパガンダであるとする見解が、身内のバイデン政権側からも出ている。

３月13日、国家情報長官のアヴリル・ヘインズ議員は下院情報委員会の公聴会で「中国はソーシャルメディア・アプリＴｉｋＴｏｋを使って２０２４年のアメリカ大統領選挙に影響を与える可能性がある」と語っていると、イギリスメディアのザ・ガーディアン紙が報道している。その記事のタイトルは〈中国はＴｉｋＴｏｋを使用してアメリカの選挙に影響を与える可能性があるとスパイ・チーフは述べている〉というもので、「スパイ・チーフ」という言葉を使っているのがストレートで興味深い。記事は主として、以下のように述べている（概略）。

――民主党のラジャ・クリシュナムルティ下院議員から、中国共産党が選挙に影響を与えるためにＴｉｋＴｏｋを使用するかどうか尋ねられたヘインズ長官は、「中国共産党がＴｉｋＴｏｋを利用して２０２４年のアメリカ大統領選に影響を与える可能性がある」と下院情報委員会の公聴会で述べた。

議員らは以前から、中国政府がユーザーデータにアクセスしたり、アメリカの政治的分断を煽《あお》るコンテンツをプッシュしたりするなど、アプリでの閲覧に影響を与える可能性があると懸念を表明してきた。

２０２４年2月5日に米情報機関が発表した「年次脅威評価」は、「中国政府のプロパガンダ部門が関与しているとみなされるＴｉｋＴｏｋアカウントが２０２２年のアメリカの中間選挙期間中に両政党の候補者を標的にした」と書いている。

このような中、注目すべきは２０２４年大統領候補の一人となっている共和党のドナルド・トランプ前大統領が、このＴｉｋＴｏｋ禁止令に反対していることだ。

トランプは3月11日に、アメリカのニュース専門放送局ＣＮＢＣの取材を受け、ＴｉｋＴｏｋ禁止令に反対したとＣＮＢＣは以下のような形で報道している。

――２０１７年から２０２１年まで米大統領を務めたドナルド・トランプは月曜日（11日）のＣＮＢＣ番組「スクワークボックス」のインタビューで、「ＴｉｋＴｏｋがなくなれば、フェイスブックを大きくすることになってしまう。フェイスブックは国民の敵だと私は考えている」と語った。（中略）さらに「ＴｉｋＴｏｋを気に入っている人はたくさんいる。ＴｉｋＴｏｋがなければ気が狂ってしまうような若い子さえ大勢いる」とトランプ前大統領は語った。

事実、アメリカにおけるＴｉｋＴｏｋ利用者の数は1億７０００万人に上る。アメリカの総人口は２０２３年統計で約３億３５００万人だ。そのうち赤ちゃんや超高齢者などスマホやｉＰａｄなどを使えない人口を考えると、大まかに言って50％以上がＴｉｋＴｏｋを利用していることになろうか。

しかしトランプは大統領だったときの２０２０年に、同じようにアメリカのアプリ・ストアからＴｉｋＴｏｋを削除しようとしたが、連邦裁判所が異議を唱えたため失敗に終わっている。失敗に終わったとはいえトランプ自身がＴｉｋＴｏｋ使用禁止令を出そうとしていたことから、多くの疑念も持たれているのも事実だ。

たとえばタイム誌は「前大統領の態度の急変は、彼がバイトダンス社の株式を持つ強力な寄付者と関係している疑惑を引き起こした。しかしトランプの考えに詳しい複数の情報筋が同誌に語ったところによると、トランプは若い有権者が愛するプラットフォームを守ることで、彼らを自分の陣営に引き寄せようとする計算もあるからではないかと語っている」と書いている。

また3月11日のウォールストリート・ジャーナルは「この現象がＴｉｋＴｏｋの政治への影響力を浮き彫りにしていると考えられる」と分析している。共和党への大口献金者でＴｉｋＴｏｋへの主要投資家である保守派の億万長者ジェフ・ヤスの影響の可能性など、トランプの声明には別の動機があると考える人もいるとのことだ。トランプ政権時代に大統領首席補佐官を務めたスティーブ・バノンを含む元関係者らによると、トランプは「ジェフ・ヤスと会った直後に考えを変えた」という。しかしトランプ自身は3月11日のＣＮＢＣとのインタビューで、ヤスとの会談後にＴｉｋＴｏｋに対する見方を変えるよう「買われた」のかと問われ、それを完全に否定した。

一方、若者層（30歳未満の有権者）の両大統領候補への支持率にも大きな変化が出ている。２０２４年2月25日から28日にかけてＦＯＸニュースが行った調査では、若者層の51％が11月の大統領選ではトランプに投票する予定だと回答したのに対し、バイデンに入れると回答したのは45％に留まったとのこと。前回の大統領選が行われた２０２０年における若者層の支持率は、バイデンが61％だったのに対し、トランプはわずか36％でしかなかった。だからこそ若者が多く使っているＴｉｋＴｏｋの使用禁止令にトランプが反対したのかもしれない。

さまざまな憶測や側面があるようだが、以下の３つは確実だろう。

●バイデンはＴｉｋＴｏｋ禁止令を制定しようとしている。
●トランプはＴｉｋＴｏｋ禁止令に反対を表明している。
●ＴｉｋＴｏｋはアメリカの大統領選に影響を与えるとバイデン政権は判断している。

この3つから見えてくるのは、ＴｉｋＴｏｋは２０２４年の大統領選に関して「バイデンにとって不利なプロパガンダをしている」と言える。逆に言えば「トランプに有利になるようなプロパガンダをしている可能性」があるということになる。そして注意深く観測しなければならないのは、この「プロパガンダ」は「中国によるプロパガンダだ」とバイデン政権は言っているわけだから、つまるところ「中国はトランプに都合のいいプロパガンダをしている」ことになる。すなわち「中国はトランプを応援している」という可能性につながっていくわけだ。

そこが問題なのである。もしそうだとすると、ここから米中関係、特に台湾有事に関して何が見えてくるのかを分析してみたい。

二　もしトランプが大統領に当選したら台湾有事はどうなるか？

もしトランプが大統領に復権したら、台湾有事の可能性は高くなるのか低くなるのか。端的に言ってしまえば、よほど突飛《とっぴ》なことでも起きない限り「低くなる」と考えていいだろう。

なぜなら、まずトランプは「アメリカ・ファースト」を信条としているので、他国干渉が嫌いだからだ。特に第三国に干渉して戦争を起こさせるという手段を好まない。すなわち拙著『習近平が狙う「米一極から多極化へ」 台湾有事を創り出すのはCIAだ!』で書いたように、バイデンが好むネオコン（新保守主義）が主導する「第二のCIA」と呼ばれるNED（National Endowment for Democracy、全米民主主義基金）を使って他国の選挙に干渉し、親米的でない政権を転覆させる傾向にないのがトランプの特徴だ。

そんな暇があったら、自国アメリカを再び偉大にさせろ（Make America Great Again＝MAGA）というのが、トランプの政治スローガンでもある。政権を転覆させて戦争ビジネスで儲けようとはしない。

その証拠にトランプは大統領在任中にも「NATOは必要ない」として、アメリカがNATOから抜け出す可能性さえちらつかせたことがある。何度も「欧州の加盟国がもっとNATOへの拠出金を支払わない限り、アメリカだけが多額のお金を支払って加盟国をアメリカが守る義務などない」と憤りを露わにした。

だからアフガニスタンに駐留する米軍を撤退させる方針を決めたのもトランプだった。実際に引き揚げを実行したのはバイデン政権に入ってからだったが、その無様《ぶざま》な引き揚げ方は世界を驚かせ、特にNATO加盟国のアメリカに対する信用は完全に失墜し、心は離れていった。

本書第五章のウクライナ編で詳述するように、他国干渉をモットーとするバイデンにとってアフガニスタン撤退による権威失墜は堪《た》え難《がた》い屈辱だったにちがいない。何とかＮＡＴＯ加盟国の心をアメリカに向かわせ、アメリカがそのトップに君臨していくためには「加盟国にとっての最大の脅威となる国」を創り出さなくてはならない。こうして徹底してロシアを悪者に仕立てあげてプーチンを怪物化させていき、その結果招いたのが「ウクライナ戦争」である。

それに反し、「もし自分が大統領になったら、ウクライナに1セントたりとも出さない」と明言したのがトランプだ。ということは、もしトランプが大統領に返り咲いたら、ウクライナ戦争はすぐに停戦になろうか。

トランプはロシアのプーチンとも仲がいい。

プーチンと仲がいい中国の習近平にとっても都合のいいことにちがいない。トランプはまた前期の大統領在任中に、何度も駐日米軍や駐韓米軍の数を減らす発言もしている。「このまま維持してほしければ、もっと駐留経費を出せ」とディール（取引）に持ち込んだのだ。

決定的だったのは２０２４年1月21日、ＦＯＸニュースがトランプをインタビューしたときの回答である。

「仮にあなたが大統領選で当選し、2度目の大統領の下で中国が台湾を武力攻撃し、中国と台湾との間で戦争が起きたとき、アメリカは台湾を中国の侵略から守るのか」という質問に対して、トランプは真正面から回答することを避けた。そして話をそらすかのように台湾の半導体問題を持ち出してきて、以下のように勢いよく不満をぶちまけたのである。

●台湾がアメリカから半導体事業を奪った！

●台湾はわれわれのチップ事業をすべて奪った。以前、アメリカはチップスをすべて自社で作っていたが、今は台湾製で、90％が台湾製だ！

●覚えておけよ！　台湾は賢く聡明で、われわれのビジネスを奪ったのだ！

トランプの台湾有事に対する「ノーコメント」は「台湾が中国からの武力侵攻を受けた場合に（＝台湾有事が起きたときに）、アメリカは台湾を助けに行かない」と示唆したものとして受け止められた。ソーシャルメディア上で数多くのX（旧ツイッター）がポストされ、台湾では激しい反応の波を引き起こしたほどだ。その詳細は第二章で述べる。

トランプが半導体に関して言った「90％が台湾製だ」の具体的な意味をご説明したい。

今や世界のすべてのハイテク工業製品には、必ず半導体チップが使われている。このため誰が半導体資源を握っているかによって、誰が世界を制覇するかが決まると言っても過言ではない時代に入ってきた。

その半導体チップができ上がるまでには、大きく分けると2つの工程がある。まず半導体のモデル開発や設計（デザイン）をして、次にそのモデル設計に基づいて半導体チップスを工場で製造する。この工場という英語は一般的にfactoryだが、半導体産業においてはfoundry（ファウンドリあるいはファウンドリー、ファウンダリ）と称し、半導体デバイスを生産する工場のことを指す（ここではファウンドリで統一）。またfabrication facility（製造工場）を略してファブ（fab）と呼ぶこともある。

これに対してモデル設計だけを行う半導体企業をファブレス（工場を持たない）企業と称する。さてトランプの「以前、アメリカはチップスをすべて自社で作っていた」という発言は、昔は（1980年代までは）ファブレスとファウンドリが分かれておらず、すべてを自社で製造していたのをトランプは認識しているのか否か。トランプが言う「以前」の半導体製造形態をＩＤＭ（Integrated Device Manufacturer、垂直統合型デバイスメーカー）と称する。このころまでは、たしかにカリフォルニアのシリコンバレーは全盛時代だった。

ところがファウンドリ建設には莫大な経費がかかるため1980年代末になると、ファウンドリだけを引き受ける企業が生まれてきた。その代表格が台湾のＴＳＭＣ（Taiwan Semiconductor Manufacturing Company、台湾積体電路製造股份有限公司＝台積電）だ。1987年に創業者である張忠謀《モリス・チャン》によって世界初の半導体専攻のファウンドリとして設立されると、シリコンバレーのＩＤＭ型半導体企業の多くがＴＳＭＣに製造委託をするようになった。現在では

図表1-1：2023年第4四半期ファウンドリ売上高トップ10

順位	企業名	売上高（百万ドル）	市場占有率
1	TSMC（台湾）	19,660	61.2%
2	Samsung（韓国）	3,619	11.3%
3	GlobalFoundries（アメリカ）	1,854	5.8%
4	UMC（台湾）	1,727	5.4%
5	SMIC（中国）	1,678	5.2%
6	Huahong Group（中国）	657	2.0%
7	Tower（イスラエル）	352	1.1%
8	PSMC（台湾）	330	1.0%
9	Nexchip（中国）	308	1.0%
10	VIS（台湾）	304	1.0%
トップ10合計		30.489	95.0%

出典：Trend Force

アメリカで使われている半導体チップの90％ほどがＴＳＭＣ製になっている。

それがトランプの「90％が台湾製だ！」という怒声の実態である。

Trend ForceのPress Centerの発表によれば、２０２３年第４四半期における世界ファウンドリのトップ10は図表1-1のようになっている。

ご覧になれば一目瞭然で、ＴＳＭＣが世界の61・2％を占め、圧倒的に世界一だ。おまけに台湾全体を加えると68・６％になる。台湾は世界一半導体に強い。だから台湾有事を分析する重要性が増してくる。アメリカは一社あるだけで、それも５・８％。あれだけ制裁している中国全体の合計８・２％にも及ばない。

１９８０年代半ば、日本の半導体は世界を席巻し全盛期にあった。技術力だけでなく、売上高においてもアメリカを抜いてトップに躍り出て、世界シェアの50%を超えたこともある。特にDRAM（ディーラム、Dynamic Random Access Memory）は日本の得意分野で廉価でもあった。

この日本に対してアメリカは通商法301条に基づく提訴や反ダンピング訴訟などを起こして、70年代末から日本の半導体産業政策を批判し続けてきた。

「日本半導体のアメリカ進出は、アメリカのハイテク産業あるいは防衛産業の基礎を脅かすという安全保障上の問題がある」というのが、アメリカの対日批判の論拠の一つであった。日米安保条約で結ばれた「同盟国」であるはずの日本に対してさえ、「アメリカにとっての防衛産業の基礎を脅かすという安全保障上の問題がある」として激しい批判をくり広げたのである。

こうして1986年9月に結ばれたのが「日米半導体協定」（第一次協定）だ。「日本政府は日本国内のユーザーに対して外国製（実際上は米国製）半導体の活用を奨励すること」など、アメリカに有利になる内容が盛り込まれ、日本を徹底して弾圧した。

1987年4月になると、当時のレーガン大統領は「日本の第三国向け輸出のダンピング」および「日本市場でのアメリカ製半導体のシェアが拡大していない」ことを理由として、日本のパソコンやカラーテレビなどのハイテク製品に高関税（100%）をかけて圧力を強めた。

1991年7月に第一次協定が満期になると、アメリカは同年8月に第二次「日米半導体協定」を強要してきた。日本国内で生産する半導体規格をアメリカの規格に合わせることや日本市場でのアメリカ半導体のシェアを20％まで引き上げることを要求したのだ。1996年7月に第二次協定が満期になる頃には、日本の半導体の勢いが完全に失われたのを確認すると、ようやく日米半導体協定の失効を認めたのである。

日本がアメリカによって半導体産業を沈没させられた後、日本は昔ながらのIDM形態から抜け出すことができなかった。当時の通産省の指導に問題の一端はあったが、その間に世界はファブレスとファウンドリの分業に向けて突進していたのである。

さて台湾ではトランプが当選したら台湾有事の可能性は低くなっても、中国が万が一にも武力攻撃してきたときに守ってくれないのではないかと懸念している。トランプの発言は、台湾に対する半導体への制裁が加わるのか、あるいはアメリカが直接台湾半導体を管理するのか、さまざまな憶測を呼んでいる。

台湾有事の際に台湾を守るか否かに関してノーコメントだったのは、そうすれば、台湾に対して「守って欲しければ、半導体に関して○○せよ！」というディール（取引）ができるし、中国大陸ともディールの余地を残しておくためかもしれない。

台湾有事問題や半導体に関しては以上のような分析が可能だが、一方で米中貿易に関するトランプの対中強硬度は強烈だ。

選挙演説で中国の製品に「60％」の関税をかけると豪語し、3月16日には、なんとメキシコ製中国車に「100％」の関税をかけると言い始めた。オハイオ州で選挙演説し、「中国自動車メーカーがメキシコで製造した自動車すべてに100％の関税をかける」と述べ、「メキシコに巨大工場を建設し、アメリカ人を雇わずにわれわれに車を売ろうとしている。それはできない」と警告。貿易上のディールに関しては、トランプは中国に一歩も譲らない。しかし中国にとって、それは大きな問題ではない。台湾問題に関するスタンスのほうが比較にならないほど重要だからだ。

もっともトランプ政権時代に米台双方の政府高官が互いに相手国を訪問してもいいという「台湾旅行法」を制定している。側近に迫られ、しぶしぶ署名したようではあるが、選挙期間中はなおさら票集めのために何を言いだすかわからない。中国も油断できないだろう。

三　もしバイデンが大統領に再選したら台湾有事はどうなるか？

第六章で述べる「紅海問題」を別とすれば、バイデンが再選したら、これまで同様、台湾有事の可能性は「高まる」だろう。なぜなら『習近平が狙う「米一極から多極化へ」』の【第六章　台湾有事はCIAが創り出す！】に詳述したように、バイデンは「第二のCIA」と呼ばれているNED（全米民主主義基金）を駆使して他国干渉をしては政府転覆を行わせてきたからだ。手段は常に「民主の衣」を着て選挙活動に潜り込み、親米的でない政権を打倒すべく秘密裡《り》に暗躍するのである。「民主主義のため」と言えば聞こえはいいが、ＮＥＤは「第二のＣＩＡ」と呼ばれる秘密工作組織であることに変わりはない。「民主」という言葉でカモフラージュする分だけ「質《たち》が悪い」。狡いのだ。だからその結果、数多くの戦争を巻き起こさせている。

バイデンは「戦争屋」と言っても過言ではない。

「民主」のために対米従属的でない政権を倒して戦争を起こさせ、武器商人が大儲けするというメカニズムの中で国家運営をするのがＮＥＤを主導するネオコンだ。

バイデン政権になってから、ウクライナ戦争やガザ紛争が起きているではないか。ウクライナの場合も副大統領だった時代にヌーランドを通してＮＥＤを動かし、２０１３年末から２０１４年にかけてマイダン革命を起こさせ、親露政権を転覆させることに成功している。その上でロシアがもっとも嫌がるウクライナのＮＡＴＯ加盟を支援してきた。

今は中国を潰したいので、中国がもっとも嫌がる「台湾独立」を信条とする民進党を支援して、中国が台湾を武力攻撃する方向に持って行こうとしている。そのために嫌中感情が広がるように暗躍してもいる。

中国が台湾を平和統一などしたら、中国に台湾の半導体産業を、そっくりそのまま持って行かれてしまう。台湾の半導体産業が中国の物になるのはアメリカにとって最悪の悪夢だ。中国が経済的にも軍事的にもアメリカを凌駕《りょうが》してしまうからである。

台湾の半導体に関しては、バイデンもトランプも何としてもアメリカのものにしたいと思っている点では共通している。ただしトランプはディールで奪い、バイデンは戦争で奪うという点で異なっている。

その証拠にバイデンは、「もし中国が台湾を武力攻撃したら、アメリカはどうするか?」という趣旨の質問に対して、4回も「台湾を助けに行く＝米軍が支援する」と示唆する回答をしているだけでなく、一般教書演説でも同様のことを言っている。その実例を列挙する。

●一回目：2021年8月

2021年8月19日、バイデン政権の高官は、バイデンが「台湾が攻撃された場合、アメリカは台湾を防衛すると示唆した」と受け止められ、これはアメリカの長年の「戦略的曖昧《あいまい》さ」の立場から逸脱したと弁明に追われた。

というのも8月19日にABCニュースが放映したインタビューで、テレビ局側はバイデンに「アフガニスタンからの混沌《こんとん》とした米軍撤退の情況を見て、中国は台湾に関して『これは何かあっても、ワシントンが台湾を防衛しに来るとは限らないことの証しだ。それを頼りにするな』と言っていますが、あなたはどう思いますか?」と尋ねた。するとバイデンは「われわれはこれまで、あらゆる約束を守ってきた。もし誰かがNATO同盟国を侵略したり、何らかの行動を起こしたりした場合は、われわれは直ちに神聖なるNATO第五条に基づき決然と対応する。日本も同じ、韓国も同じ、台湾も同じだ。それ（台湾）に関しては話にならないほど比べ物にならない（重要だ＝必ず防衛する！）」と回答したのだ。

バイデンの前でその話を聞いていた政府関係者は慌てて（5分も経たずに）火消しに追われた。

●二回目：2021年10月

10月21日、バイデンはCNNのタウンホールで、「中国政府から軍事的・政治的圧力が高まっていると不満を漏らしている台湾を、アメリカが防衛するか否か」と尋ねられた際、「はい、私たちはそうすることを約束しています」と答えた。

このときもホワイトハウスは慌てて「台湾に対する政策に変更はない」と火消しに追われた。バイデンの8月における〝イエス！〟は認知症によるものではないかと騒がれた。火消しに追われるホワイトハウス報道官に記者が「じゃあ、バイデンが誤って言ってしまったということなのか？」と問い詰めたところ、報道官は黙ってしまった。

アメリカのマーシャル基金の台湾専門家であるボニー・グレイザーは、バイデンの発言を「失言」と呼び、米国が台湾を防衛する約束をしていることは「明らかに真実ではない」と述べた。しかし、それが決して「失言」ではないことは、この後もさらにバイデンが同様の発言をくり返したことによって窺《うかが》い知ることができる。

おまけにバイデンは上述のＣＮＮのタウンホールでの発言のあと、「中国、ロシア、その他の国々は、アメリカが世界史上最強の軍隊であることを知っているので、ワシントンの軍事力について心配すべきではない」と続けている。これはすなわち一連の台湾有事に関する発言は「失言」ではなく、あくまでもアメリカは戦争で世界を支配していくという、バイデンの戦争屋としての軸がぶれていないことを示す証左と言えよう。

●三回目：２０２２年５月

バイデンは２０２２年5月22日に日本を訪問して、翌２日目に東京で演説し、「同地域における中国の軍事活動に対する懸念が高まる中、中国が反逆者とみなしている自治領島（＝台湾）を守るアメリカの責任は、ロシアのウクライナ侵攻後、さらに強くなった」と述べた。

バイデンはまた、岸田首相に「日本が改革された国連安保理の常任理事国になることと、核武装した北朝鮮と、ますます自己主張を強める中国に対抗するため、記録的な水準の国防費で安全保障を強化する日本の計画を支持する」と語った後、**「それがわれわれの約束だ」**と述べた。すなわち岸田首相が進めている防衛力強化は、あくまでも**「ワシントンからの指令によるものだ」**ということを実証したに等しい。結果、この「火消し」は日本側がしなければならない羽目に追い込まれた。

しかし日米首脳会談における岸田首相のバイデンへの尋常でないへつらいようを見ると、これは「火消し」に走るような話ではなく、バイデンが真実を語ってしまっただけだというのがわかる。事実、共同声明では、有事に備えた自衛隊と米軍の指揮統制をめぐり相互運用性を向上させるとしている。陸海空自衛隊の一元的な統合作戦司令部が2024年度末に新設されるのにともない、在日米軍司令部も統合部隊を設けて連携することになったのだ。岸田政権はバイデンに迎合するために、「台湾を口実にして」戦争に向けてまっしぐらに突き進もうとしているように見える。バイデンの発言は「失言」ではなく、「つい、真相を言ってしまう」ということだろう。認知症が多少関係しているとすれば「言ってはならない真相をポロっと言ってしまう」ことかもしれない。本音が出るのは良いことだ。

●四回目：2022年9月

2022年9月18日、CBSの60ミニッツのインタビューを受けたバイデンは、「中国が主張する自治領島（＝台湾）を米軍が防衛するかどうか」との質問に対し「もちろんだ、実際に前例のない攻撃があった場合は」と回答した。報道では、これは台湾問題に関するこれまでもっとも明確な声明だと位置づけた。

●五回目：2024年3月7日

バイデンは一般教書演説で「われわれは台湾海峡の平和と安定のために立ち上がっている」と初めて言及し、「台湾への武器売却の常態化など具体的な行動を継続すること」を強調した。

バイデンの発言に関しては以上だ。

なお、ＴｉｋＴｏｋのアプリ配信禁止令に関して、中国はもちろん「また、安全保障を口実に中国企業の発展を阻止しようとしている」としてアメリカを激しく非難している。ＴｉｋＴｏｋの親会社であるバイトダンスも、「アメリカに売るくらいなら、アメリカから事業を引き揚げる」という姿勢で強気だ。「困るのはアメリカだろう」という自信が透けて見える。

事実、アメリカではＴｉｋＴｏｋユーザーによる激しい抗議運動が若者を中心として展開されたため、バイデンは煮え切らない発言をボソボソとつぶやき始めた。若者層票田を逃したのでは、元も子もないからだ。大統領に再選してから本格的な禁止令へと動くなど、なんとも歯切れが悪かったが、4月20日、アメリカ議会下院は「１８０日以内に売却しなければ」という制限を「1年以内」に延期した。すなわち、大統領選が終わってからとなり、大統領選への負の影響を避けた形だ。いかに大統領選のための「小道具」の一つとして対中規制を使っているかが露呈したとも言える。

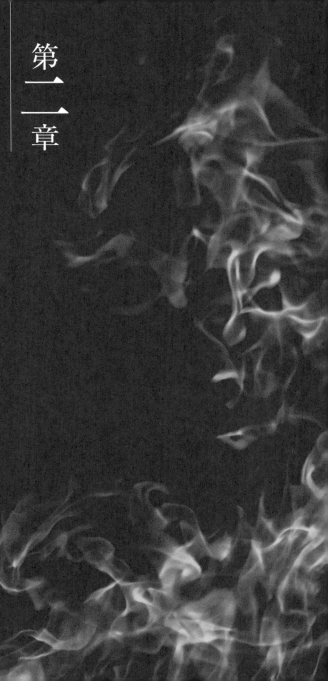

第二章

台湾世論と頼清徳新政権

一　トランプ発言に対する台湾の反応

これまで見てきた次期米大統領二候補者、特にトランプの発言に対する台湾の反応は凄まじかった。以下、いくつかの台湾大手メディアの報道から拾ってみよう。

2024年1月23日のETtoday新聞雲（クラウド）は〈トランプは「台湾がアメリカの半導体ビジネスを盗み去った」ことに対してはコントロールするが、台湾防衛協力は約束しなかった　アメリカ・メディアも憤怒〉という見出しで、アメリカ・メディアの報道を借りて、憤りに満ちた台湾の国民感情を爆発させている。そのタイトル画像に使った写真が凄い。いかにも台湾人のトランプへの怒りがにじみ出ているようで、この「どぎつさ」が迫ってくる。

ETtodayは概ね以下のように報道している。

●ニューズウィーク誌は、トランプ前大統領の発言が「中国が台湾を侵攻した場合、アメリカは台湾の防衛を支援すべきではない」とほのめかしたものとして報道し、その上でトランプは「台湾がアメリカの半導体事業を盗んだ」と非難し、アメリカのソーシャルメディア上で新たな怒りと懸念の波を引き起こしたと報じた。

●FOXニュースはトランプに「もし再選された場合、たとえそれが中国との戦争を意味するとしても、台湾を中国の侵略から守るのか否か」と尋ねたが、トランプは明確な回答は拒否した。だというのに、台湾がアメリカの半導体事業を奪ったことに対する不満は述べ、「台湾はわれわれの半導体事業をすべて奪った。彼らは私たちのビジネスを奪った」ことだけは激しい口調で言った。

●この発言はアメリカのソーシャルメディア「X」で激しい反響を呼び、トランプは前大統領時代に中国の影響力を抑えようとして、あれだけ対中強硬策を実施しながら、今度は中国に味方するような発言をしており、まったくの偽善者だと非難する人もい

図表2-1：ETtodayが用いたロイターの写真

出典　ロイター

る。

●トランプはバイデンが中国に対して甘いと非難したが、自分が当選したら、アメリカからの報復なしに中国が堂々と台湾を侵攻できるゴーサインを出したようなものだ。

●著名なアメリカの保守派弁護士は「もしトランプが当選すれば、台湾は消滅し、アメリカの半導体生産能力の大部分もそれとともに消滅するだろう」と述べた（ＥＴｔｏｄａｙからの引用はここまで）。

2024年1月24日、台湾の「中時新聞網」は〈トランプは「台湾がアメリカの半導体チップ・ビジネスを盗んだ」として、台湾を再び窒息させようとしている〉という趣旨の見出しで、台湾が見舞われるであろう悲惨さを描いている。その概要を以下に記す。

●もしトランプが大統領に復活すれば、米中貿易戦争のように台湾の半導体産業に大きな打撃を与えるのではないか。

●トランプが同様の見解を示したのは今回が初めてではなく、昨年7月には「台湾がアメリカの半導体関連企業を奪っている」と公けに批判し、「台湾が、台湾に課税するのを阻止し、貿易障壁措置さえも阻止するのは時代遅れだ」と述べていた。

●「悲惨だ、こんなことをして半導体産業は救われるのか？」「トランプ皇帝が当選すれば、電子株は崩壊する」「トランプの態度は明確だ、気をつけろ！」「中国を倒した後、次の標的は台湾になるのか？」などと、台湾の半導体が大打撃を受けることを懸念する声が多く聞かれる。

●「いや、これはトランプの選挙戦術の一つに過ぎず、憎しみを広めて支持者を結集させようとしているだけかもしれない」「憎しみの結束による選挙の言葉は単純なほうが強力だから」「トランプは完全にアメリカの利益しか考えていない」「当然だろ、トランプはアメリカ・ファーストなんだぜ」などという声もある（「中時新聞網」からの引用はここまで）。

1月24日の台湾の「中央通訊社」は〈トランプが当選したら（TSMCの）アメリカ工場は延期になるのでは？　専門家：それはTSMCにとって必ずしも悪いことではない〉という見出しでトランプ発言の台湾に対する影響を分析している。報道内容は概ね以下の通りだ。

●台新金融ホールディングズのチーフエコノミストである李鎮宇《りちんう》は、トランプが勝利する可能性は無視できず、事前に準備する必要があると警告する。李鎮宇は本日、中国経済研究院で開催された「2024年経済見通しフォーラム─米中国際競争、台湾のニューディール政策」で基調講演を行い、台湾の庇護者《ひごしゃ》であるTSMCがアメリカに工場を設立したことを例に挙げ、「トランプの産業政策の考え方はバイデンとはまったく異なり、トランプが就任した後、チップ法案補助金制度を縮小制限したり、外国メーカーを締め出したりする可能性がある。ＴＳＭＣにとっては、アメリカに工場を設立することは今までより一層経済効果を台湾にもたらさなくなる可能性がある」と述べた。

●ＴＳＭＣはこれまでも工程上の問題に悩まされ、工場の建設が遅れているが、今となっては、それも悪いことではない。もし補助金が期待通りにならなければ、アメリカに工場を設立する計画を調整する余地がまだある。

●トランプの当選可能性に対処するために、台湾政府は対米政策を再検討し、武器売却移転や二重課税法案など、変動が少なく、覆《くつがえ》されにくい部分をできるだけ早く通過させるべきだ（「中央通訊社」からの引用はここまで）。

２０２４年1月29日、台湾の「米台観測ステーション」は〈トランプは台湾防衛を約束する気はない。彼が当選したら、もう終わりか？〉という見出しで以下のような報道をしている。

●トランプが「台湾を防衛するかどうかは言わない」「台湾はアメリカの半導体産業を奪った」「台湾の半導体産業に課税する」と発言したニュース映像が流布しており、特に台湾人コミュニティで数多く取り上げられている。

●実は２０２３年7月17日に行われたＦＯＸニュースでのインタビューでも、また同年9月

15日のNBCとのインタビューでも、トランプは同じようなことを語っている。トランプはNBCとのインタビューで、「戦略というものは、それを言わないことが原則だ。だから、この手の質問をされたら、私は決して答えない。なぜなら言ってしまうと、そのあと動きにくくなるからだ。選択肢を狭める」という趣旨のことを言った。

●台湾を防衛したいというバイデンの発言は刺激的に聞こえるが、トランプは台湾防衛に貢献したいと発言するか否かに過度にこだわりたくないだけだ。アメリカは長らく戦略的曖《あい》昧《まい》さをとっており、最終的に台湾防衛に役立つかどうかはわからないが、実際には常に台湾と協力し、台湾の戦闘態勢を強化している。

●台湾がアメリカの雇用を奪うというトランプの発言については、何十年にもわたってアメリカの雇用を奪っている日本、中国、その他の製造業の国々についてもコメントしているが、これはトランプが大統領に就任したときに必ずこれらの国々を罰することを意味するのではなく、すべてはこれらの国々の指導者がトランプと共通のニッチを見つけるか否かにかかっている。例えば、安倍晋三が日本の自動車メーカーにアメリカに工場を作らせると約束したし、TSMCはトランプ時代にアリゾナに工場を設立すると約束したし、蔡英《さいえい》文《ぶん》が裏にいると噂されていたテリー・ゴウのフォックスコンがウィスコンシン州に巨額の資金を投資し、結局延期してしまったのは別の話だが。

●ビジネス上の利益を重視するトランプが、台湾に敵対的になるのは難しい。

●統治者が個人的な考えを持っていても、それをどう「方針」に落とし込むかは「スタッフチーム」の助けを借りなければならず、そのアドバイスによって個人的な意見が変わることもあるので注意が必要だ。前トランプ内閣の国家安全保障チームの高官の多くはたしかにトランプから遠ざかっているが、ロバート・オブライエン元国家安全保障担当補佐官やマイク・ポンペオ元国務長官など、当時の台湾を支持した高官は多い。その意見は今でもトランプに評価されている可能性があり、今後のトランプの国家安全保障スタッフチームの構成に注目すべきだ。

●もちろんトランプ政権には、ロバート・ライトハイザーやスティーブン・ムニューシンなど台湾にあまり友好的ではない、あるいは中国に対して過酷ではないと言われた高官もいた。しかしトランプの台湾政策が完全に敵対的になるとは考えにくい。結局のところ、トランプが大統領に復活したら、やはり依然としてビジネス界の利益に注意を払わなければならず、台湾の半導体産業チェーンに対する制裁は、米国の国内雇用と産業発展にプラスの効果を及ぼさない可能性がある（以上、「米台観測ステーション」からの引用）。

このように台湾での報道を列挙すればキリがないので、ここまでにするが、最後に一つ、一般のネットユーザーの声として、以下のようなのがあったのが興味を引いた。

●なぜアメリカが台湾問題を決定しなければならないのか？

●これはアメリカの仕事ではないだろう？

●台湾は自分で自国の方針を決められないのなら、自主独立の国家とは言えないな。

●独立叫ぶの、やめたら？

二　頼清徳政権誕生の過程

2024年5月20日から民進党の頼清徳政権が始まるが、まず2月1日に行われた総統選と立法委員選、および2月1日に行われた立法院長選挙に関して振り返っておきたい。

台湾には現時点で大きく分けて「民進党、国民党、民衆党」の三大政党がある。それぞれに党のシンボルカラーがあり、

民進党：緑

国民党：藍

民衆党：白

と決まっていて、緑陣営とか藍陣営、白陣営といった形で呼ぶことが多い。

２０２３年11月14日の時点で、総統選立候補資格を満たしたのは、

民進党（緑）：頼清徳《らいせいとく》
国民党（藍）：侯友宜《こうゆうぎ》
民衆党（白）：柯文哲《かぶんてつ》
無所属　　：郭台銘《かくたいめい》（テリー・ゴウ）

の４人だった。ところが11月15日になると、拙著『習近平が狙う「米一極から多極化へ」台湾有事を創り出すのはＣＩＡだ！』で予測した通り、野党の国民党と民衆党が連携する「藍白合作」が決まった。

侯友宜は「結果がどうなろうとも藍白が協力して台湾の人民を統一し、政党の交代を実現し、腐敗した無能な民進党を排除し、台湾海峡の両岸が平和になり、台湾海峡が安定し、人民が安心できるようになることを願っている」と述べた。

柯文哲は「水曜日（15日）にはアメリカのバイデン大統領と中国の習近平国家主席がサンフランシスコで会談するが、もっとも重要な議題は台湾問題だということはわかっている。台湾は世界でもっとも戦争が起こりやすい場所とされていて、その結果、ウクライナやイスラエルでさえ深刻な場所とはみなされなくなり、台湾は世界で一番危険性の高い場所になろうとしている」という趣旨のことを述べている。もともと過去に何度も「民進党が大っ嫌いだ！　なぜ

なら民進党だと戦争が起きるからだ！」と怒りをぶつけたことがある。

台湾の一部では「藍白合作」は中国側の要望であり、世論調査によって総統と副総統を決めるというアイディアも中国が出したものだという批判もあったようだ。しかし、野党が複数分立していたら当然、政権与党・民進党の頼清徳候補には勝てないことになるのは、誰の目にも明らかな論理だろう。それは選挙のある国なら、どの国でも同じだ。

ところが恐れていたことが起きた。

民衆党の柯文哲が「藍白合作に署名した」と積極的に発表した瞬間、ＡＩＴ（米国在台湾協会）から連絡が来て「おまえ、何するつもりだ？」と威嚇《いかく》されたと哲自身の動画で告白した。

こうして結局のところ、「藍白合作」は破局してしまった。

２０２３年11月16日、台湾の国営通信社である中央社（中央通訊社の略称）は、民衆党の柯文哲がＡＩＴから選挙状況報告をするようずっと要求され続けてきたと報道している。それによれば、柯文哲は概ね以下のように述べているという。

——民衆党は今年2月以来、毎週ＡＩＴと連絡を取っており、それ以来ずっと連絡を取ることを義務づけられてきた。藍白の政党は昨日、馬英九《ばえいきゅう》元総統の立会いのもとで交渉し合意に達したが、外界の一部は藍白合作に関して中国共産党が介入しているのではないかと疑問視している。

藍白合作を決定したと発表するとすぐAITが私に電話してきて、中国が藍白合作に関与したか否かを説明するように要求してきた。今年2月から現在に至るまで、われわれ民衆党は毎週AITと連絡を取り、党事務局の局長、副局長、政治チームのレベルすべてが、ずーっと常にAITに選挙運動に関する報告をしている。私自身もAITのサンドラ・オウドカーク処長に「台米関係においてはノーサプライズを維持する」と保証し、訪米したときにも米政府高官にこの原則を維持し、決して突然奇妙な動き（藍白合作か？）はしないことを誓った。

私はこれまでAITに対し「どんな問題でも疑問があればいつでも電話して質問していい」と保証したことがあるし、「民衆党は何か新しい変化があったら、必ずAITに報告する」と誓ったこともある。したがって昨日、「藍白合作」決定を発表したわけだから、AITが「おまえ、何をやってるんだ！」と聞いてくるのは正常なことだと思う。なぜなら私はAITに「何か変化があったら報告する」と誓っていたからだ（以上、中央社が伝えた柯文哲の独白）。

一方2023年10月17日、シンガポールの「聯合早報」は〈AIT理事長が藍・緑・白の総統選立候補者に〝面接試験〟を行った〉という見出しで、台湾総統選立候補者がアメリカの

「面接試験」を受けないと立候補しにくい状況を伝えている。それによればＡＩＴのローラ・ローゼンバーガー理事長が台湾を訪問し、緑・藍・白三党の総統候補者と面談したとのこと。ローゼンバーガーはブリンケン米国務長官の補佐官を務め、バイデン米大統領の側近ともみなされている。「聯合早報」はこの面談を「面接試験」と表現している。

続いて２０２３年10月20日、アメリカの国営放送ＶＯＡ（Voice of America）も、ＡＩＴ理事長の台湾訪問は「野党が連携するのではないかという懸念があるために、総統立候補者を【面接試験する旅】であった」と位置づけた報道をしている。ＶＯＡは以下のように具体的な表現で報道している。

——何と言っても10月14日には「藍白合作」に関する話し合いが国民党と民衆党の間で行われたばかりで、その成り行きを確認するのが重要な目的だ。10月18日には国民党の侯友宜と民衆党の柯文哲が同じフォーラムに出席したが、できるだけ目を合わさないようにするほど、「私たちは藍白合作をするつもりはありません」という印象をＡＩＴ理事長に与えようと涙ぐましい努力をしていた（以上ＶＯＡから引用）。

どの報道を見ても、アメリカが何としても「藍白合作」野党連携を阻止しようと躍起になっていることが窺《うかが》われる。

時間的にさかのぼるが、2023年7月29日の「聯合早報」は〈自らアメリカへ赴いて面接試験を受ける　台湾総統選の奇怪な景色〉という見出しで、今般の総統立候補者全員が自ら積極的にアメリカに赴いて「面接試験」を受けたことを「怪奇現象」として、以下のように報じている。

——陳水扁《ちんすいへん》と馬英九は、それぞれ2000年と2008年に総統に当選し二期務めたが、総統に立候補した段階で、それぞれアメリカに「ご挨拶」に行き「面接試験を受ける」ような怪奇現象は起きなかった。それは「必要条件」ではなかった。でも今は違う。立候補者は誰もアメリカの影響力を無視する勇気はなく、アメリカの顔色を窺い、少なくとも渡米して「保険」を購入しようとする（引用以上）。

台湾のネットには「台湾は誰のものか？」「台湾はアメリカの植民地ではない」といった言葉が散見された。

現実としては、台湾の野党からの立候補者はビクビクしていて勢いがない。政権与党の民進党のほうは、もともとアメリカべったりなので、その意味で信念が揺らいでおらず堂々としていて頼もしくさえ見えた。それに比べて野党は、本当は親米ではないのに、親中であることがわかるとアメリカから「お叱り」を受けて選挙で不利になるため、親米を装わなくてはならない。本当は親中なのに「私は親中ではありません」という顔をしていなければならないのだから、野党候補はオドオドしているわけだ。

2023年11月24日に総統選立候補者の最終登録があったが、郭台銘は登録をせずに出馬を放棄した。1月13日、台湾総統の選挙結果と立法院議員の選挙結果が出た。

総統選の開票結果は、

民進党の頼清徳氏：558万6019票（40・05％）
国民党の侯友宜氏：467万1021票（33・49％）
民衆党の柯文哲氏：369万466票（26・46％）

で、頼清徳が当選した。蔡英文総統の方針を受け継ぐと宣言し、圧倒的な親米路線を継続することになる。しかし独立は積極的には叫ばないという。

一方、立法院のほうは全議席113のうち、

国民党：52議席（改選前より15議席増）
民進党：51議席（改選前より11議席減）
民衆党：8議席（改選前より3議席増）

となり、いわゆる「ねじれ国会」状況となった。

国民党がここまで議席数を伸ばすことができたのは、内政に関して民進党に不満があるから

だ。それは2022年11月に行われた、内政が問われる統一地方選挙で国民党が圧勝し、民進党が惨敗したことからも窺われる。内政問題だと、アメリカはあまり大きくは干渉できない。

しかし対外政策が重視される総統選においては、アメリカが激しく介入してくるので親米の民進党が勝利する。その背景には言うまでもなくアメリカの力があり、「第二のCIA」と呼ばれるNEDは台湾にその支部である「台湾民主基金会」を2003年に設立しているほどだから、その浸透力は大きい（詳細は拙著『習近平が狙う「米一極から多極化へ」台湾有事を創り出すのはCIAだ！』の【図表6-8 「第二のCIA」NEDの活動一覧表】など）。

もし「藍白合作」が潰されていなかったら、得票率（頼清徳40・05％、侯友宜33・49％、柯文哲26・46％）から言って、野党連合は59・95％前後の票を獲得していた可能性があり、野党連合が圧勝したはずだ。

したがって、この選挙はアメリカと中国大陸との闘いでもあり、アメリカが戦略的に勝利したということもできる。

事実、頼清徳は勝利宣言のスピーチで、中国大陸の選挙活動介入を「外部勢力の介入」と批判している。つまりアメリカの介入は台湾に浸透しきっていて「内部勢力」と認識していることになる。

立法委員の任期は2月1日からなので、2024年も2月1日に立法院の院長・副院長が選出された。その結果、対中融和的な国民党の韓国瑜《かんこくゆ》が院長（日本の国会議長に相当）に当選し、副院長も国民党の江啓臣《こうけいしん》（2020年3月9日～2021年9月25日の期間のみ国民党主席）が当選した。5月20日に発足する親米的な民進党の頼清徳政権にとっては「ねじれ国会」の「ねじれ度」がさらに強くなり、国防予算案などを通しにくくなるだろう。今後の立法院運営（国会運営）では、柯文哲が率いる民衆党委員（議員）8人が民進党の案に賛成するか、国民党の案に賛成するかによって予算案の可否が決まる。

ところがなんと、その柯文哲が民進党を訴えると怒っていることが2月2日にわかった。となれば、予算案などは対中融和の方向で決まっていく可能性が高い。

何が起きているのかを少しだけご説明したい。

実は2月1日の立法院長・副院長選挙において、民進党（緑）と民衆党（白）が連携して国民党（藍）が院長や副院長にならないようにするという「緑白合作」が行われるのではないかという噂が総統選以降に流れていた。これに関して民進党が「柯文哲が緑白合作を持ちかけた」と言ってしまったのだ。柯文哲は事実無根として、民進党を訴えると激怒し、実際に2月5日に訴えている。

このような事態になっているので、5月20日から始まる頼清徳政権の見通しは暗い。

三　台湾の世論――台湾有事でもアメリカは台湾を助けてくれない

では、トランプ発言とは関係していない、一般の民意調査のうち、本章と深く関わるデータを見てみよう。

まずアメリカとの関係に関する民意調査では、２０２１年に台湾の中国研究院・欧米研究所の米台中関係テーマ別研究グループが「American Portrait」（アメリカン・ポートレート、美国肖像）というプロジェクトを発足させている。そのプロジェクトが調査した結果をご覧に入れたい。調査期間は「2021.09.25-30」と「2022.11.15-20」および「2023.09.14-19」だ。

図表２-２から見て取れるように２０２１年時点で、すでにアメリカに対する信頼度は「信用できない」人のほうが「信用できる」人よりも多い。この年はアフガニスタンからの米軍撤退があった年だ。２０２２年はウクライナ戦争が始まった年で、一気にアメリカに対する信頼度が低くなっている。台湾が中国から武力攻撃を受けても、すなわち台湾有事があっても、米軍は助けに来ないと思っている台湾人が56・６％もいるということになろうか。

アメリカは武器を供与するだけで、戦場で戦うのはウクライナ人のみ。すなわち戦死するのはウクライナ人だということになる。

図表2-2：台湾人のアメリカに対する信頼度の推移

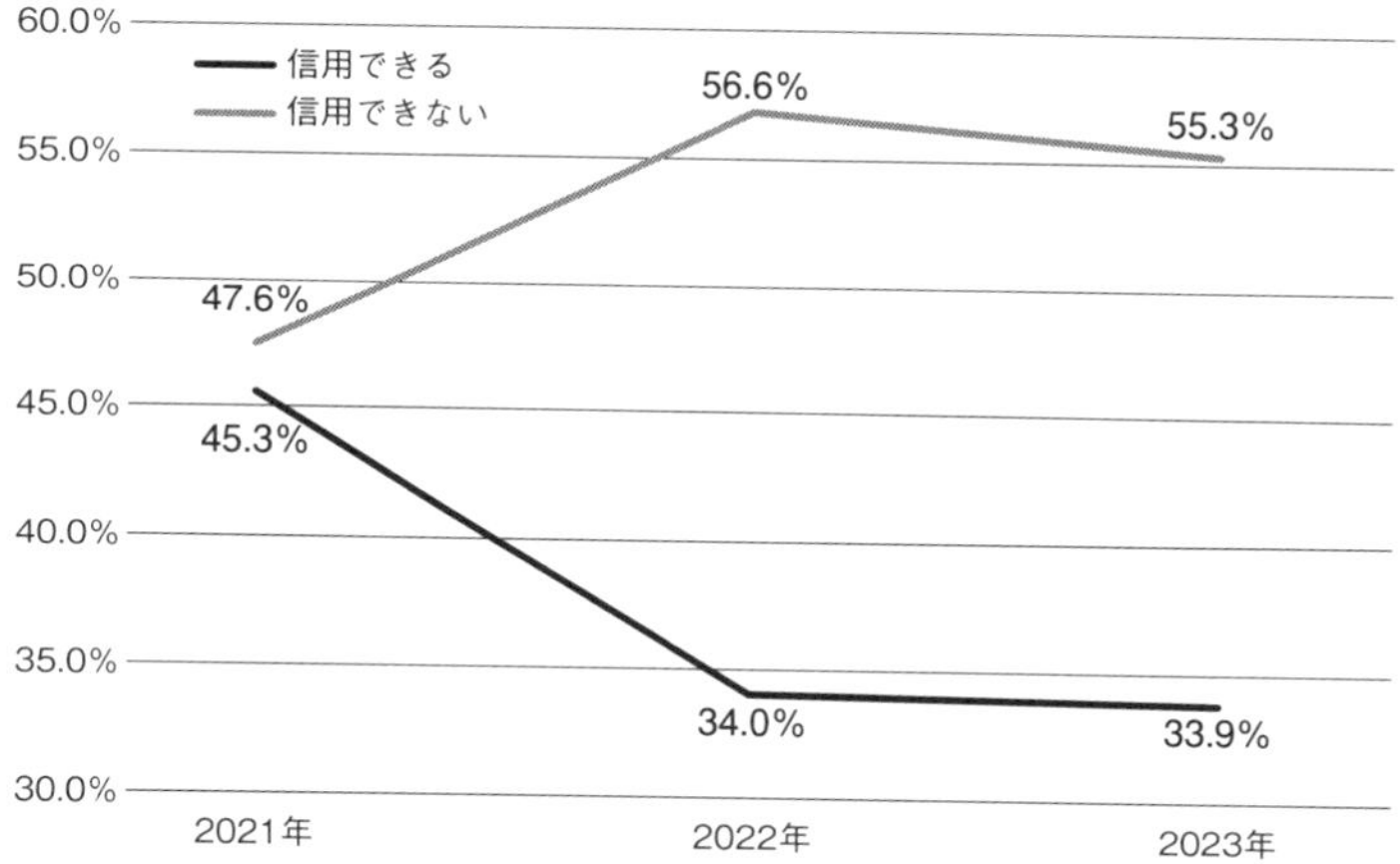

出典:American Portrait

これを台湾に当てはめると、万一台湾有事が起きても戦うのは台湾人となる。「アメリカは武器を供与する（＝売りつける）だけで、米軍自身は一兵卒たりとも犠牲にならないようにするだろう」と、ほとんどの台湾人が思っていることになる。その傾向はウクライナ戦争の2年目になっても変わっていない。

次に台湾の財団法人「台湾民意基金会」が2023年2月に行った民意調査のうち、「もし中共が台湾を武力攻撃した場合、アメリカは台湾を守るために米軍を派兵すると信じるか？」という問いに関する回答を見てみよう。その結果は、図表2-3に示したように「信じる（＝派兵すると思う）」が42・8％で、「信じない（＝派兵しないと思う）」が46・5％になっている。「いざとなったら、アメリカは台湾を守ろうとはしない」という人が20

図表2-3：いざというときにアメリカは台湾を守るか？

中共が台湾を武力攻撃した場合、アメリカは台湾を守るために米軍を派兵すると信じるか？

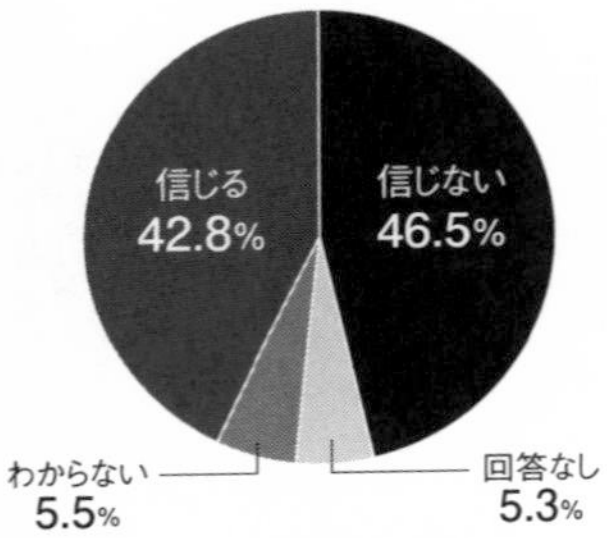

出典：2023年2月の「台湾民意基金会」のデータを筆者が和訳

図表2-4：いざとなったときにアメリカは米軍を派兵するか？

大陸と台湾が戦争した場合、アメリカは台湾を守るために米軍を派兵するか？

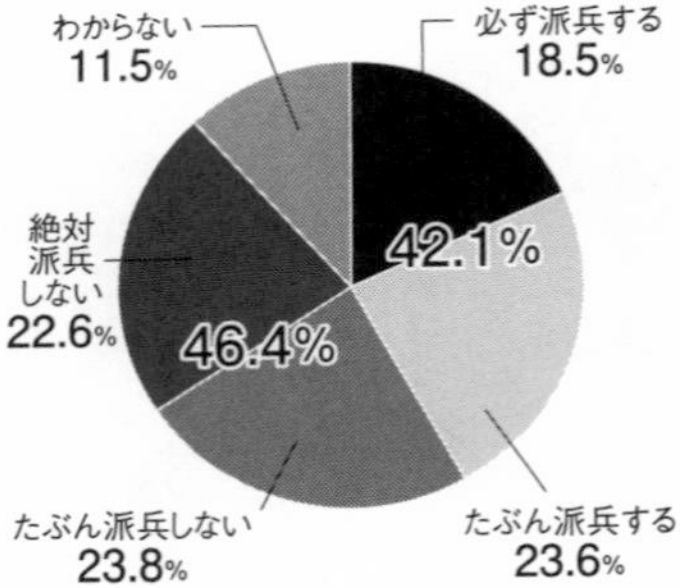

出典：2023年9月の「遠見」のデータを筆者が和訳

23年2月時点ですでに多いのだ。

実は「台湾民意基金会」は、どちらかと言うと「緑色」がかっており、そのトップは元民進党の副秘書長だった。また大きな財団でもあるため政界ともつながりがあり、得てして時の政権の影響を受ける。それでもアメリカを信じていない人の割合がこれだけ多いのは注目に値する。

民意調査団体は数多くあるので、「遠見（Global Views）」という、やや「藍色」がかった調査団体の類似の質問に対する調査結果を見てみると、図表2-4にようになる。

図表2-4から、「必ず派兵する」と「たぶん派兵する」を合わせると42・1%で、「絶対派兵しない」と「たぶん派兵しない」を合わせると46・4%になるので、台湾民意基金会の結果と、ほぼ同じ結果が出ている。したがって政党色性に、そ

れほどこだわる必要はないことがわかる。

もう一つ突っ込んだ質問、すなわち「台湾利用論」に関して質問しているのは「遠見」だけなので、「遠見」の「アメリカは台湾を守るつもりか、それとも台湾を利用して中国に圧力をかけているだけか？」に関する調査結果を図表2-5に示したい。

驚くべきことに「台湾は利用されているだけ」と回答した人は67・5％もいる。

くり返すが、図表2-3と図表2-4を比較すれば、「遠見」がそれほど極端に「藍色」がかっているわけではないことがわかるので、「台湾はアメリカが中国を倒すために利用されているだけと考えている台湾人が67・5％もいる」という事実は非常に大きい。

図表2-5：台湾利用論

アメリカは本気で台湾を守るつもりか、
それとも台湾を利用して
中国大陸に圧力をかけているだけか？

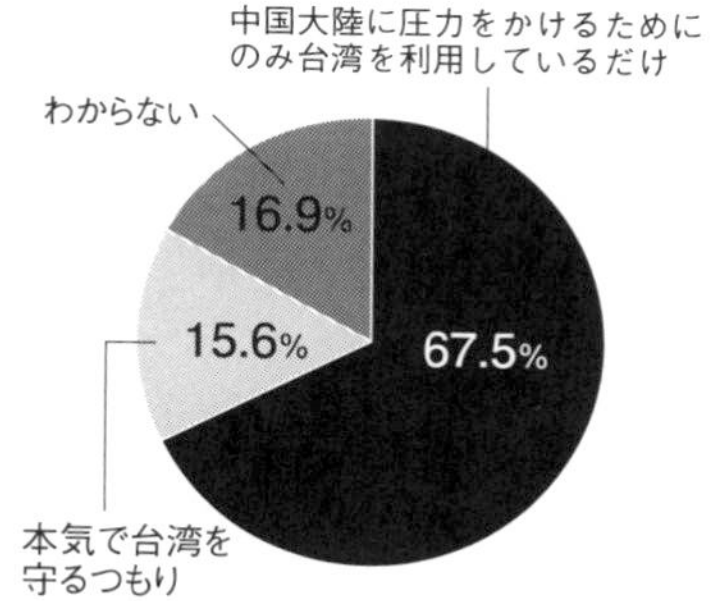

出典：2023年9月の「遠見」のデータを筆者が和訳

このような状況であるなら、何もわざわざ独立を叫んで、中国が台湾を武力攻撃する可能性が急増するような事態を招きたくないと思うのではないかと推測される。「現状維持」希望者が多いものの、案外に「独立」希望者も少なくないのが台湾の現実だ。そのデータを「台湾民意基金会」と「遠見」の両方を比べながら見てみよう。

「現状維持」に関する意識調査

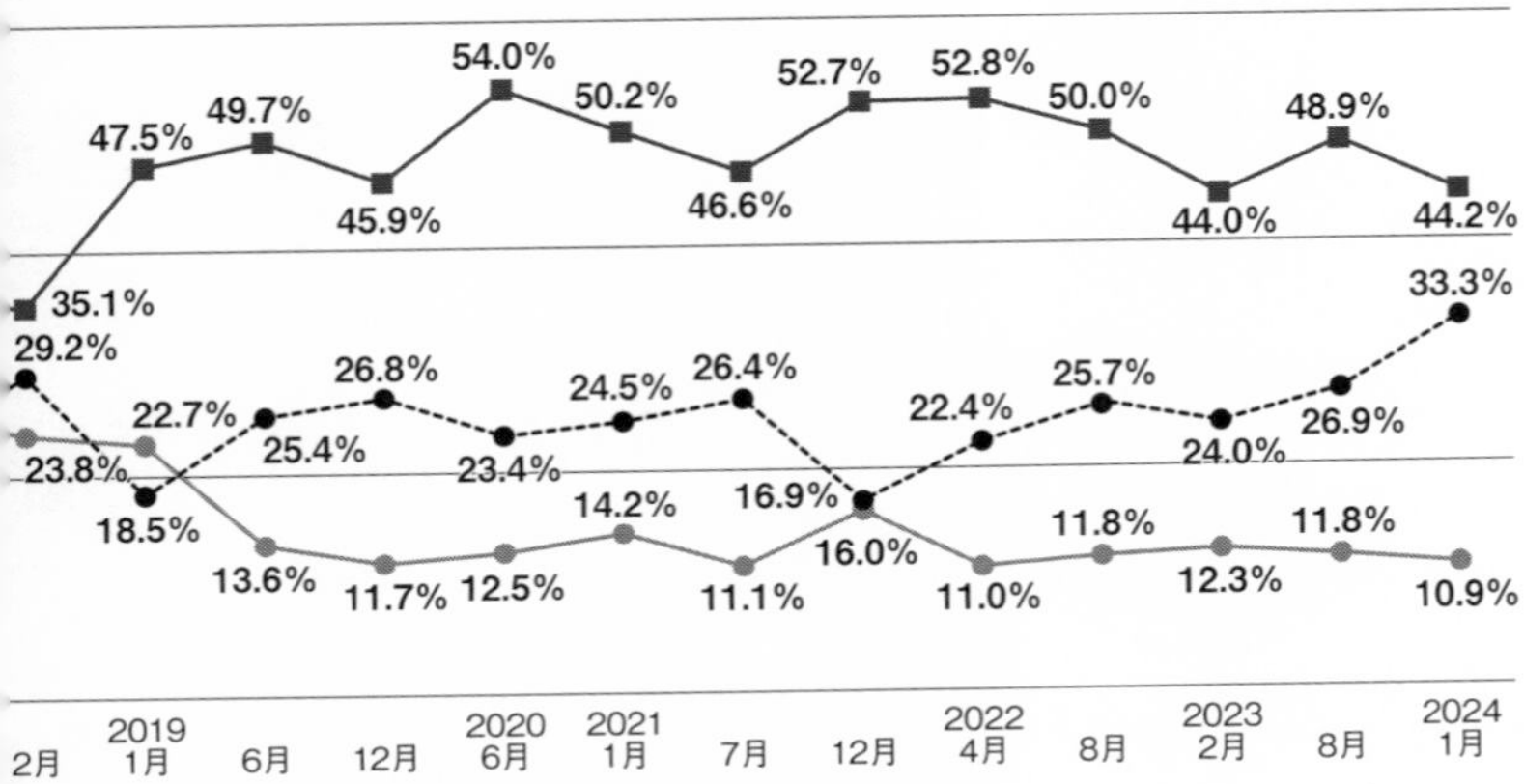

「台湾民意基金会」のデータを図表2-6に記し、「遠見」のデータを図表2-7に記す。

ただし対比のため、「遠見」の「現状維持」は元のデータの【「現状を維持して様子を見る」＋「永遠に現状維持」＝「現状維持」】という形にしたものを作成したが、「遠見」にはエクセルデータがないため、過去に出しているデータを参照しながら合計値を算出した。

念のため2023年9月の「遠見」の元のデータを図表2-8として掲載する。

「台湾民意基金会」と「遠見」では調査期間が異なるので、比較しにくいかもしれないが、そこを意図的に調整するのは適切ではないので、その点はお許しいただきたい。

図表2-6と図表2-7（および図表2-8）から見えてくるのは以下のようなことだ。

図表2-6:1991年~2024年の「台湾独立」、「両岸統一」、

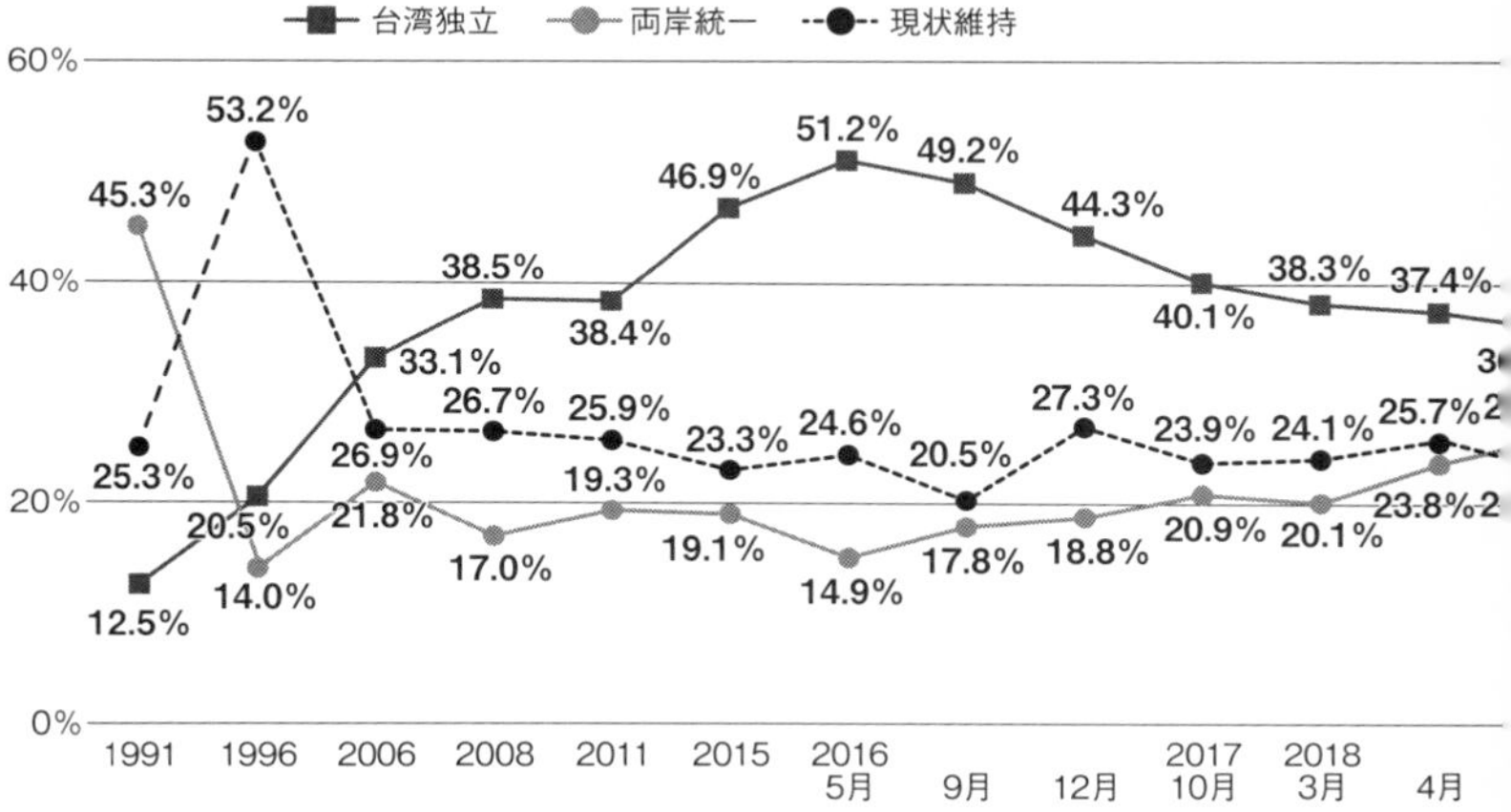

出典：台湾民意基金会

●ウクライナ戦争以降の傾向として、「現状維持」を望む人が増えており、「独立志向」は減っている。

●「台湾民意基金会」のデータはやや「緑色」がかっているために、常に「台湾独立」が優位に立っている。これは拙著『習近平が狙う「米一極から多極化へ」』の253〜255頁にかけて掲載してある【図表6-8「第二のCIA」NEDの活動一覧表】をご覧いただくと、その理由がわかる。すなわち、1994年からNEDのカール・ガーシュマン会長が台湾入りし、2000年12月には独立志向の強い陳水扁が台湾にNEDの支局「民主基金会」を設立すると宣言した。その結果、2003年に台湾にNED台湾支局である「台湾民主基金会」が設立されている。そのとき

図表2-7:「遠見」の「独立」、「統一」、「現状維持」に関する推移

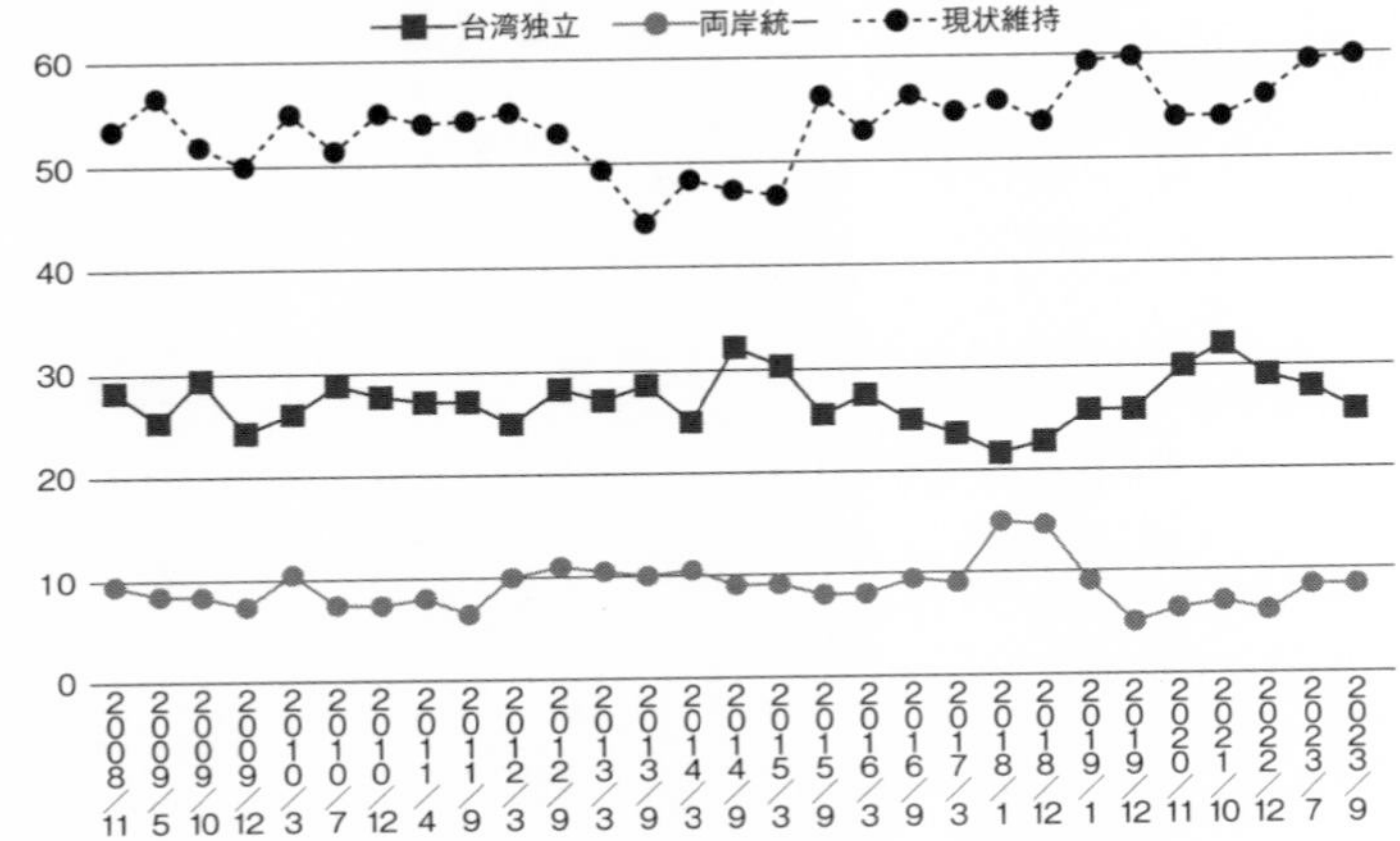

出典：「遠見」の過去データも参照しながら「遠見」データに基づいて筆者作成

からのＮＥＤによる「独立志向への煽動《せんどう》」なので、「独立志向」は台湾人に深く染みわたっているからだ。

図表２‐６をご覧いただくと、ＮＥＤが焚《た》きつけた香港デモによって、２０１９年以降は「台湾独立」は割合に高い数値の回りを変動している。

●「両岸統一」を望む人の割合は非常に少ない。

ただし、二つの調査団体によるデータはともに２０１８年だけ微増している。その原因は台湾の統一地方選挙があり、蔡英文政権の内政に関して多くの不満が出たからだろう。内政では常に民進党への批判が強い。ＮＥＤは、外交では台湾に潜入して独立傾向に持って行くことに成功しているが、内政における真の国民感情までをもコントロールすることは、あまりできていないようだ。

図表2-8：「独立」、「統一」、「現状維持」に関する「遠見」の元データ

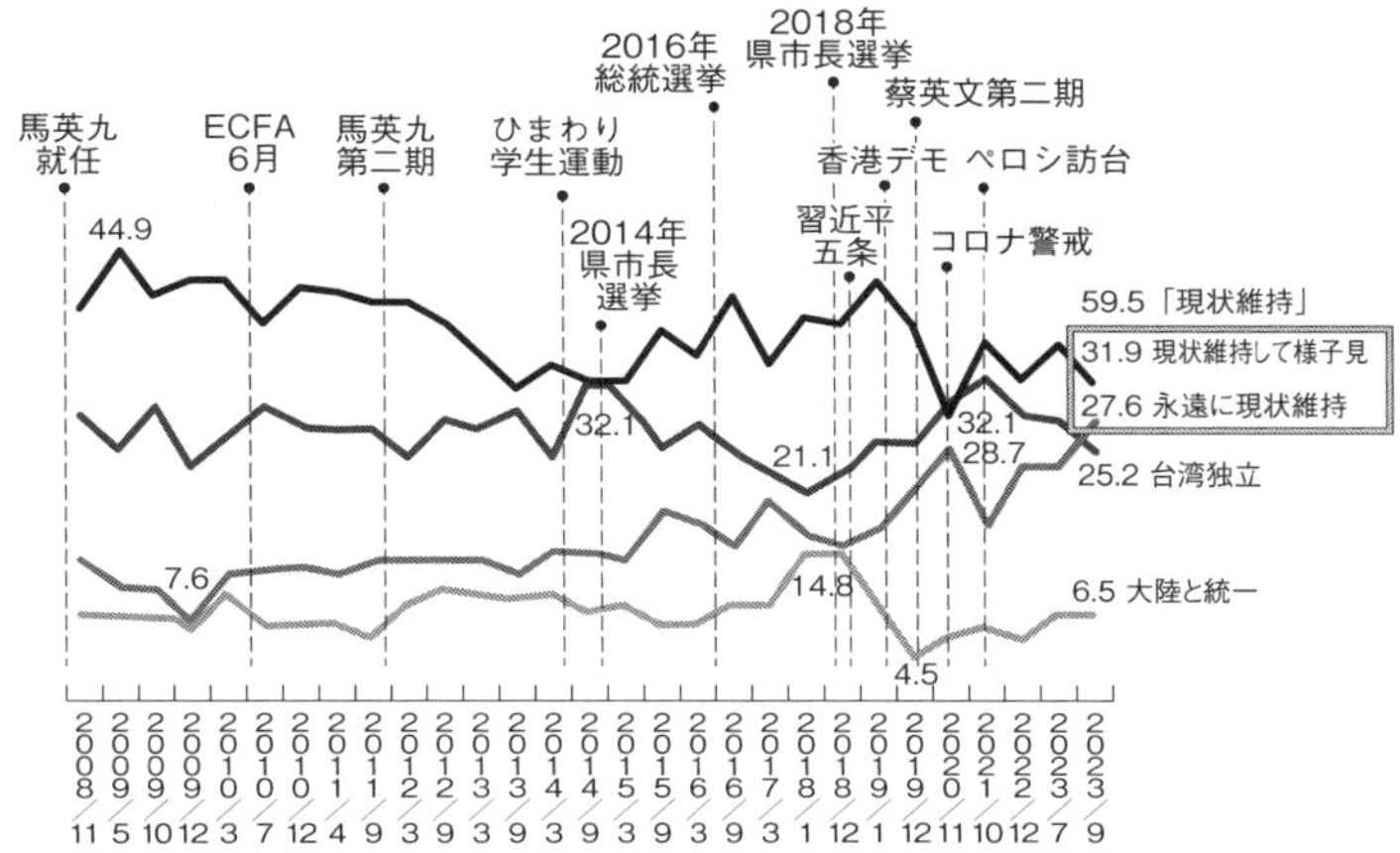

出典：「遠見」の元データを筆者が和訳

ところで２０２４年３月７日に蔡英文政権の国防部長が立法院で「中共は今やまさに、台湾に対して武力攻撃を行使しようとしている瀬戸際だ！」と発言したことに関して、「台湾民意基金会」が「この意見に同感するか否か」という民意調査をしている。その結果が３月19日に発表されたので、それを図表２-９として掲載する。

「台湾民意基金会」の調査においてさえ、50・４％もの人が「同感しない」と回答したのは注目すべきだろう。

一方、これに関連した質問が２０２３年９月の「遠見」の民意調査にもあるので、その回答を図表２-10に示して比較してみよう。

図表２-10によれば、「可能性が高い」と「少し可能性がある」を足して23・５％で、「あまり可能性がない」と「完全に不可能」を足して64・６％とな

図表2-9：「中共が武力行使をしようとしている瀬戸際」発言に同感するか？

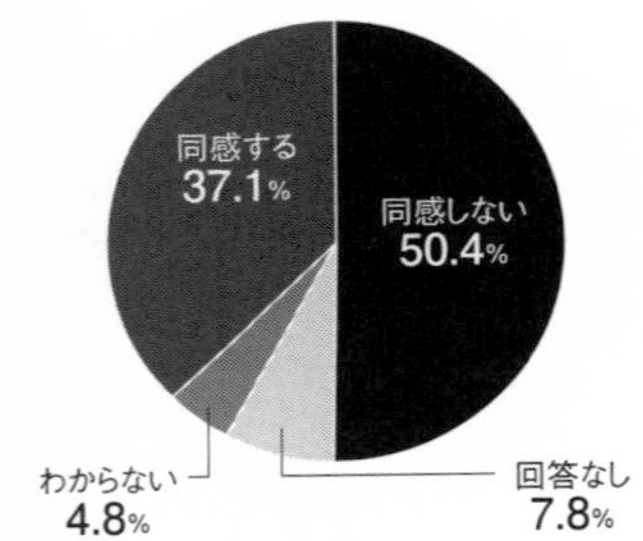

出典：2024年3月19日の「台湾民意基金会」のデータを筆者が和訳

図表2-10：5年以内に両岸（大陸と台湾）で戦争が起きる可能性があるか？

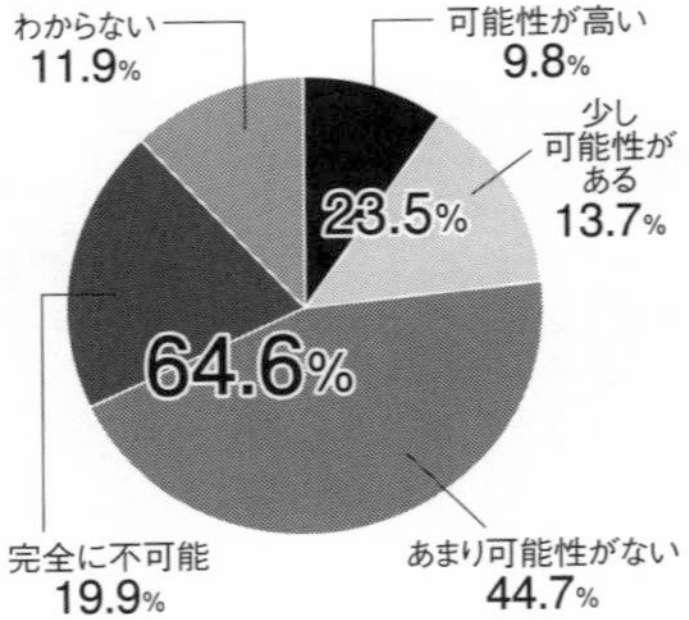

出典：2023年9月の「遠見」の調査結果を筆者が和訳

っている。

以上を考察した結果から言えるのは、台湾は独立か現状維持を希望しているものの、戦争だけはしたくないと思っている人が圧倒的に多いことになる。

それではバイデン政権は困るのだ。だから日本を巻き込んで、「台湾有事、台湾有事……」と叫び続け、何とか習近平が台湾を武力攻撃してくれるように持っていこうとしている。そこにどっぷり漬かっているのが岸田首相だ。日本ではメディアを通して戦争に誘《いざな》うための情報を日本人に必死になって刷り込んでいる。

次章で詳細に分析するように、日本が無理矢理に台湾有事に持っていこうした場合、犠牲になるのは「日本人」であることが明らかとなる。日本人はこのことを肝に銘じるべきだろう。

第二章

習近平は台湾を どうするつもりなのか？

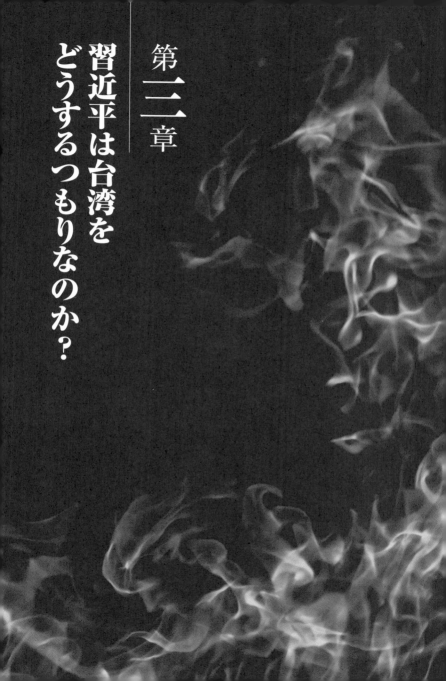

まず台湾に関して結論だけを先に書くと、中国は「台湾が独立を叫ばない限り平和統一を絶対的な基本としており、武力攻撃はしたくない」。なぜなら武力統一などをしたら「統一後に中国共産党による一党支配体制が崩壊する可能性」があり、また「台湾の半導体産業を破壊する可能性」もあるからだ。

しかし、どうしても武力攻撃をしなければならない状態がきたら、直接台湾の陸上（街中）を火器で攻撃するのではなく、「港湾を封鎖する台湾包囲作戦で台湾のエネルギー源を断つ方法」をとるだろう。

なぜなのか、そして、どのようにして。それぞれに関して考察を試みたい。

本章の最後では、平和統一に関して習近平が描いている戦略に関しても紹介する。

一　どうしても武力攻撃をしたくない理由

1．統一後に中国共産党による一党支配体制が崩壊する可能性

もし台湾政府が正式に独立を宣言したら、中国は胡錦濤《こきんとう》政権時代に制定した「反国家分裂法」により、台湾を武力攻撃して統一させるしかないところに追い込まれる。

「反国家分裂法」というのは、祖国統一（台湾統一）は平和統一を大原則としているが、「もし台湾独立分子が台湾を中国から分裂させる重大な事態になれば、非平和的手段をとることもある」と警告する条項（第８条）を含んだ、台湾海峡両岸関係に関する法律である。２００５年3月14日に全人代（全国人民代表大会）で決議制定されたものだ。

中国語では「反分裂国家法」と動詞の「分裂」が先に来る。これは当時の台湾の陳水扁政権が目指している台湾新憲法制定や国号改称など、台湾独立色の強い政策に対して誕生した法律である。

このときの議長の「トン・グォ――（通過――）！」という大きな声が人民大会堂の会議場に鳴り響くと、割れるような拍手がいつまでも続いたのを思い出す。

それくらい中国人民にも熱く歓迎された法律だ。

だというのに、もし台湾が政府として独立宣言をしても中国が武力攻撃をしなかったとしたら、中国人民は中国共産党政権を信じなくなって国内混乱が起きるだろう。すなわち、武力攻撃するしかない状況にあるのも一方の事実なのである。

だからこそバイデン政権は、何としても台湾が独立する方向に動くように民進党を応援している。また多くの「民主の衣」を着たＮＥＤのスタッフを台湾各地に潜り込ませ、選挙のたびに台湾人を「独立を好む方向に誘導」してもいる。

しかし台湾が独立を声高に叫び始め、それに対応して中国が台湾を武力統一などしたら、統一後に台湾人が中共中国に反抗し、中国共産党による一党支配体制が崩壊する可能性がある。だから中国としては、何としても武力攻撃をしないで済む方法を試みている。

習近平だけでなく中国の指導者にとっては、「中国共産党による一党支配体制の維持」こそが最大の命題である。絶対に「第二のゴルバチョフになってはならない」というのが、旧ソ連崩壊以降の鉄則だ。

だから習近平としては、何としても台湾に独立だけは叫んでほしくない。それを知っているバイデンは、NEDを使って台湾独立の心を台湾人に植えつけるべく、あらゆるチャンスを惜しまずに尽力しているのが現状だ。

2. 半導体産業が破壊されるのを防ぎたい

2つ目の「台湾の半導体」に関しては、武力攻撃をしたら台湾の半導体産業が破壊されるかもしれない。中国は台湾の半導体産業を、そのまま頂きたい。普通に台湾島に上陸、あるいはミサイルなどの火器により街中を武力攻撃などしたら、半導体産業まで破壊してしまうかもしれない。それは何としても避けたいのが習近平の本心だろう。

ちなみにロシアのウクライナ侵略の例もあるので、中国は同じ目に遭いたくないと思ってはいるだろうが、それが大きな要素とはなり得ない。

もっと長期的で遠大な構想を練っていることが、本章の三をご覧いただければ、おわかりいただけるものと思う。

二　台湾包囲作戦——港湾を封鎖すれば台湾のエネルギーは2週間で枯渇

バイデン政権が続き、もし台湾が独立を叫び、どうしても武力によって独立を阻止するしかないところに追い込まれた場合、習近平は「台湾包囲作戦」を考えていると言ってまちがいないだろう。

というのも台湾はエネルギーを自給自足できず、２０２２年データで97・３％を輸入に頼っている。エネルギー資源は主として液化天然ガス（ＬＮＧ）と石炭で、その入り口は港湾だ。貯蓄量は２週間ほど（天然ガスの在庫は11日間、石炭の在庫は39日間）しか持たないため、港湾を封鎖してしまえば、武力攻撃をしなくても台湾を降参に追い込むことができる。

台湾は島国なので、天然ガスのパイプラインを敷くことができないから、天然ガスはすべて「液化天然ガス」で港湾から入ってくる。

台湾政府の「２０２２年（民国１１１年）発電概況」を参照すると、２０２２年の発電源の

割合は、

石炭　　　　　　：42・0％
液化天然ガス　　：38・9％
原子力発電　　　：8・2％
再生エネルギー：8・3％
その他　　　　　：2・6％

となっている。つまり発電量の80.9％は石炭と天然ガスとなる。原発はたったの8・2％で、港湾を封鎖されたときに半導体製造を動かすことは不可能だ。半導体製造には多くの電力を必要とし、2022年ではTSMC一社だけで、台湾の全エネルギー源の7・5％を使う。原発で市民の基本インフラを保ち、政府の基本機能のネット連絡を保ち、かつ半導体製造を機能させることは絶対に不可能だと言える。

太陽光発電は2022年の再生エネルギーの44・8％を占めているが、8・3％の内の44・8％％だから全体の3・7％くらいしか占めておらず、何もできない。

台湾政府の2023年データによれば、

石炭の輸入国

オーストラリア　　：50・6％

インドネシア　：25・5%
ロシア　：12・2%
南アフリカ　：6・8%
カナダ　：2・7%。

液化天然ガス輸入国

オーストラリア　：40・2%
アメリカ　：9・8%
パプアニューギニア：7・0%
マレーシア　：3・2%
ロシア　：2・8%

となっている。ロシアからの輸入は、ウクライナ戦争が始まる前の2021年では、
ロシアの石炭　：14・6%
ロシアの液化天然ガス：9・7%

だった。つまり習近平とプーチンが話し合いさえすれば、ロシアからの石炭と液化天然ガスはゼロに持っていくことだって不可能ではないことになる。

またアメリカから輸入している9・8%の液化天然ガスが台湾に到着するまでに30日かかり、

オーストラリアの場合は10日前後かかる。

となれば、万一にも台湾が独立を叫んで中国の「反国家分裂法」に触れた場合、習近平は直ちに「台湾包囲作戦」として港湾を完全封鎖すれば、台湾のエネルギーはおよそ2週間で枯渇し、降参するしかないところに持っていかれる可能性が高い。

海上封鎖する港は、エネルギー資源などの国際取引による貨物をより多く扱う国際港湾を選ぶことになろう。

2023年7月に中華民国政府の交通部航港局が発表した『中華民国111年　航港統計年報』によれば、主たる国際港湾の貨物の取扱量の全体における割合を高い順に並べると以下のようになる。

高雄港：49・18％
台中港：29・79％
台北港：7・79％
基隆港：6・77％
花蓮港：3・79％

これらの港を封鎖すべく行われたのが、2022年8月の、当時のペロシ下院議長訪台に抗議する中国の大規模軍事演習である。

アメリカは中国と国交正常化交渉をするときに「一つの中国」を積極的に認め、その交渉のためにニクソン政権時代のキッシンジャー元国務長官は忍者外交までして北京に必死で接近した。当時のソ連と仲が悪くなっていた中国をアメリカ側に引き寄せ、ソ連を倒すのが目的だった。トンキン湾事件という虚偽の事実まで捏造《ねつぞう》してベトナム戦争に介入し、何百万人ものベトナムの無辜《むこ》の民を残忍極まりない形で惨殺したので、全世界から非難の声が上がり、激しい反戦運動が世界レベルで展開されていたので、その非難をかわすためでもあった。

そこまでして共産中国「中華人民共和国」を国連に加盟させ、「中華民国」台湾とは国交断絶をして国連から追い出しておきながら、今度は中国が強くなると、国交断絶した台湾に現役の政府高官を送り、独立を煽動してきた。「一つの中国」原則を乱そうとしているとして、習近平政権は激しくペロシ下院議長の訪台に反対した。

万一にも訪台したら厳しい報復が待っていると、中国政府は何度も警告を発したが、ペロシはそれを無視して8月2日22時43分に台湾の松山空港に到着したのだ。

すると間髪を入れず、8月2日23時02分に、中華人民共和国国防部が新華社を通して軍事演習期間と軍事演習場所を明示して発表した。

期間：2022年8月4日12時～8月7日12時

軍事演習を行う区域（原文には番号はない）：

①「北緯25°15′26″・東経120°29′20″」、「北緯24°50′30″・東経120°05′45″」、「北緯25°04′32″・東経119°51′22″」、「北緯25°28′12″・東経120°14′30″」の四点を連結した区域。

②「北緯26°07′00″・東経121°57′00″」、「北緯25°30′00″・東経121°57′00″」「北緯25°30′00″・東経121°28′00″」、「北緯26°07′00″・東経121°28′00″」の四点を連結した区域。

③「北緯25°34′00″・東経122°50′00″」、「北緯25°03′00″・東経122°50′00″」、「北緯25°03′00″・東経122°11′00″」、「北緯25°34′00″・東経122°11′00」の四点を連結した区域。

④「北緯22°56′00″・東経122°40′00″」、「北緯23°38′00″・東経122°51′00″」、「北緯23°38′00″・東経123°23′00″」、「北緯22°56′00″・東経123°09′00」の四点を連結した区域。

⑤「北緯21°14′00″・東経121°33′00″」、「北緯21°33′00″・東経121°18′00″」、「北緯21°07′00″・東経120°43′00″」、「北緯20°48′00″・東経120°59′00″」の四点を連結した区域。

⑥「北緯22°43′00″・東経119°14′00″」、「北緯22°10′00″・東経119°06′00″」、「北緯21°33′00″・東経120°29′00″」、「北緯22°09′00″・東経120°32′00″」の四点を連結した区域。

この6つの区域を明示した上で、**「安全のため、この期間は船舶および飛行機はこの海域と空域に侵入しないように」**という警報を出したのである。①～⑥の番号は筆者が便宜《べんぎ》のために付したもので、原文にはない。

図表3-1：2022年8月の軍事演習6つのエリア

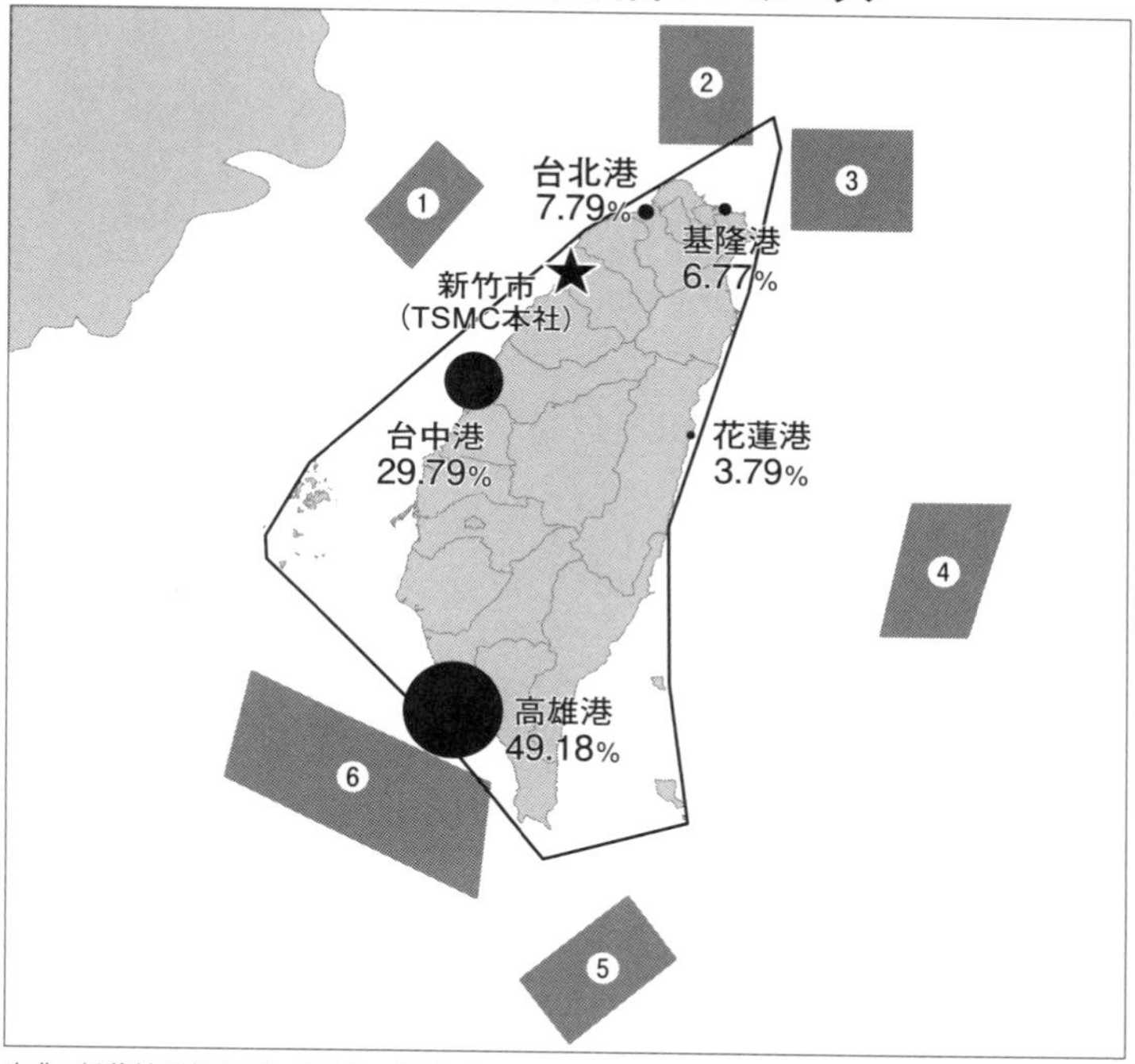

出典：新華社通信のデータを基に筆者が編集

そのマップを図表3-1に示す。中国国防部が新華社を通して発表した軍事演習区域に筆者が番号を付け、国際港名とその貨物取扱パーセンテージを示した。

ただし8月4日の午前中、台湾政府の交通部航港局が「中国が軍事演習区域をもう一つ追加した」と公表した。ところが8月4日の午後になると、台湾政府の交通部航港局は、その日の午前中の告知を削除していると、台湾の「自由時報」が伝えている。

これは非常に重要なことなの

で、興味のある方は是非とも以下のURLをご覧いただいて確認していただきたい。

【https://news.ltn.com.tw/news/Taipei/breakingnews/4014575】

そこには以下のように書いてある。

――中国解放軍は本日正午12時から来週7日正午12時まで、台湾周辺海域と空域6区域で軍事演習を行い、実弾射撃も行うと布告した。しかし交通部航港局は、本日午前に「元来の6区域から突然7区域に増加させ、東部外海にさらにもう1ヵ所軍事演習区域を増加させて7区域とした。演習期間は7日までを8日午前10時までに延期した」と布告した。

しかし航港局はなぜだか原因不明のまま、午前中のこの布告を削除してしまったのである。船舶に対して同区域での航行には注意しろとは書いてあるが、しかし新しい布告では「中共が重要な軍事演習を行うから」という文言を削除している。

この7ヵ所目の区域は、図表3-1の④周辺に相当するが、台湾政府の交通部航港局が布告し、すぐさま「7ヵ所目でも軍事演習を削除した布告」を新たに出しているということは、どう見ても台湾側の「誤報」であったとしか思われない。

この「誤報」に関して中国大陸側は無視しているし、台湾側も「誤報」であったとは認めてないが、「7ヵ所目に関する情報を削除した」ということは、「誤報」であったと認定していいものと判断していいだろうと思う。

日本の少なからぬ台湾問題研究者や軍事問題研究者は、台湾の「誤報」をアメリカがそのまま報道したためか、軍事演習区域を「7区域」として分析しているものが多い。しかし本書では、演習区域は中国国防部が新華社や中央テレビ局CCTVなどを通して発表した「6区域」であるものと判断して考察を進める。

実弾も飛ぶ軍事演習だ。一般の船舶も飛行機も、いつ着弾するかわからないので、基本的にこの海域および空域に入ることはできない。

これらの区域はすべて図表3-1にあるように、台湾の主要な国際港の航路を遮断しているので、完全に「封鎖された」のと同じことだ。図表3-1で四角い形で囲ったのが、中国大陸の国防部が新華網などを通して発表した大規模軍事演習のための区域だ。ちょうど前述の国際港を封鎖する形で実弾をともなう軍事演習を行ったことになる。

図表3-1の中で★印で示したのはTSMC本社がある場所だ。

台湾が万一にも独立を宣言しようとしたならば、直ちに2005年に制定した「反国家分裂法」が動き、習近平は直ちに「必ずしも平和でない手段＝武力を行使した手段」を用いて「祖

を持っている。

●その条件を満たしながら、台湾を陥落させる。

●台湾の一般庶民の命を銃弾により奪うことはない。

●TSMCを破壊することがない。

国統一」を成し遂げるべく動くしかない。ただし習近平のこの「台湾包囲作戦」は以下の特徴

これは1947年から48年にかけて、時の毛沢東が行った「長春《ちょうしゅん》包囲作戦」＝「長春食糧封鎖」を筆者に想起させる。あのときは数十万の中国人民（長春市内にいた一般庶民）を餓死に追いやった。

国民党軍は一人も餓死してない。八路軍（当時、庶民は中国共産党軍を「八路」とか「八路軍」と呼んでいた）は長春市内に籠城《ろうじょう》している国民党軍のうち、雲南から来ていた第六十軍が蔣介石直系の新七軍と仲が悪いのを知っていた。長春市民が次々と餓死していく中、国民党軍には一人も餓死者が出ていなかった。その理由は、国民党陣営地の一つであった瀋陽《しんよう》から長春上空に飛行してきて、落下傘で長春の国民党軍陣営地に食糧を落下させていたからだ。

ところが落下傘が落としていくこの食糧をめぐって、第六十軍が不平等な扱いを受けている

という情報を八路軍はキッチリと把握していた。だから鉄条網で包囲しているその包囲線の向こう側から八路軍は、国民党第六十軍に声を掛けていた。「おーい、こっちに来いや！　うまいもんがたくさんあるぞ――！」と言いながら、豚の角煮がタップリ乗せてある大きなどんぶり飯を示して誘い込んだ。

やがて第六十軍が八路軍側に寝返って「起義《チーイー》（武装蜂起）」を起こし、長春は陥落した。

あのときとは事情が異なるものの、第六十軍に相当する役割を現在の台湾の国民党軍が果たすかもしれない。現在台湾にいる国民党側の人たちは、まさに「長春包囲作戦」のときに第六十軍に裏切られた蔣介石直系の国民党軍およびその家族の末裔《まつえい》たちだ。アメリカが提供したピカピカの軍服を着て、アメリカ人サイズなので袖が長すぎて手先が袖口の中に入っていた。まだ5歳だった筆者は、その指先を地表近くから見上げて不思議に思ったものだ。

第六十軍は貧乏でボロボロの軍服を着ていたが、中国製なのでサイズが合っていた。

その第六十軍に裏切られた側が今度は「裏切る側」に回って、台湾の降伏を早める役割を果たすかもしれない。

台湾の運命は、その意味で筆者にとっては、あの「長春包囲作戦」の延長として他人《ひと》ごとではないのである。

「台湾包囲作戦の予行演習」であったような2022年8月の「台湾を包囲した形で行われた

実弾軍事演習」の期間は、8月7日になると、中国人民解放軍・東部戦区が「実戦的聯合訓練を継続するので、台湾周辺海域および空域は警戒するように」と警告を発した。8日正午になると、東部戦区は再び聯合軍事訓練の続行を布告した。9日正午にもさらに延期を発表し、10日になって初めて中華人民共和国国防部が演習の終了を発表した。

ペロシの台湾訪問は、とんでもない「予行演習」を中国が行うことを可能にしただけでなく、本章の「一」で示した「中国にとって喜ばしくない事態」を完全に避ける形で、中国は台湾統一の非平和的手段を実行し得るのだということを示したことになる。

これは拙著『習近平が狙う「米一極から多極化へ」』で詳述した、習近平の哲理「兵不血刃《ひょうふけつじん》」（刃に血塗らずして勝つ）に完全に合致した戦法であるとみなすことができる。

もっとも中国が台湾包囲作戦を実施している間に、アメリカが台湾をどのようにして支援するのか、台湾の国軍がどのようにして防御するのかに関しては、また別の考察が必要となる。少なくとも中国はミサイルという実弾を軍事演習設定区域に向けて発射している。そしてペロシを守るために台湾の東側で待機していたアメリカの空母レーガン号は、彼女が台湾から離れたのを確認してから始まった中国の大規模軍事演習により、やむなく横須賀港めざして東へと逃れていった。着弾する危険性があったからだろう。

事実東部戦区（中国大陸東沿岸）から発射されたミサイルの中には、日本の排他的経済水域

ＥＥＺに着弾したものさえあった。

実際に戦争が起きたときに、米軍が参戦するのか否かを決めるには、米議会の承認が必要である。それを待ち、かつ米軍が台湾に到着するまでには相当な時間がかかるはずだ。

ウクライナ戦争で世界中が嫌というほど思い知らされたのは、アメリカはウクライナをけしかけ、ウクライナに大量の武器を供与したりはするが、米兵を一人たりともウクライナ戦争に送り込んでいないということだ。米兵が一人でも戦死することは、アメリカの国内世論が許さない。だからバイデンでさえ、次の大統領選を控えているので「米兵を送り込む」ことはしないのである。

ましていわんや、「台湾ごときのために尊いアメリカ人の命を犠牲にしてなるものか」という「アメリカさま」の感情がアメリカ人にはある。

したがって戦場で戦わされるとすれば、それは他ならぬ「日本人」だ！

日本人の命なら失わせても、アメリカには痛くも痒《かゆ》くもない。

武器も遠いアメリカから運んでいたのでは時間がかかり過ぎ、台湾に着くころには中国による台湾包囲戦は終わっているだろうから、日ごろから日本の米軍基地に置いたり基地近隣の港に寄港させたりしておくだろう。在日米軍が動けば、日本も協力しているとみなして中国による攻撃の対象になり得る。

中国にしても日本は統一する相手国ではないので、日本人の犠牲者が出ても「統一後に恨まれる」という心配はない。だから台湾に関しては港湾封鎖しかしなかったとしても、日本に対してなら日本の国土上にミサイルを発射しても構わないと中国は思うだろう。そこに米軍基地があるのだから。

アメリカにしても中国にしても**「日本人が死ぬことに無関心だ」**と言っても過言ではない。だからこそ日本人は「なぜ中国が台湾を武力攻撃する可能性が出てくるのか」、その真相を見る目を持たなければならないのである。どうか、その真相を見る目を持ってほしいと懇願しているのが『習近平が狙う「米一極から多強化へ」』など一連の著作だ。日本国民の命を守るために、何としても日本人には真相を見る目を養ってほしいと希求している。

台湾はエネルギーだけでなく、食糧自給率も低い。

２０２３年10月２日に台湾政府の農業部が発表した２０２２年の「糧食需給年報」によれば、台湾の食糧自給率は30・７％で、前年比０・６％減少しているという。

エネルギーの自給率が２％前後で食糧自給率が30％となると、これはもうアメリカが軍事的に支援するか否か以前の問題となる。

米軍が支援に乗り出す前に勝負はついているということになろう。

1947年晩秋に長春の電気が止まり、ガスも水道も出ず、食糧封鎖が始まった。それでも長春の場合は、八路軍（共産党軍）側にも十分な武器がなかったから、食糧封鎖という手段に出たのであって今、中国大陸は世界の一、二を争う軍事力を持っている。ミサイルと船舶に関してはアメリカを凌駕《りょうが》しているくらいだ。

となると、台湾に何ができるかと言ったら、原子力発電を強化していくことくらいだろう。ところが台湾の民進党は核汚染を嫌い、原発には「反対」なのである。民進党は「2025非核家園政策」（2025年には原発をゼロにする）という完全脱原発政策を掲げており、逆の方向に動いている（「家園」は国家を一家族とみなしたときの「国」を指す）。

2024年元旦、台湾の総統選のために副総統候補が一堂に会して激しい議論を展開した。「原発推進派」の国民党と民衆党の副総統候補と「強烈な脱原発」を主張する民進党副総統候補との間で、激しい対立意見の火花が散った。第二章で見たように台湾総統選で民進党の頼清徳氏が勝利したので、5月20日から始まる頼清徳政権では、このエネルギー資源問題と食糧自給率問題が大きな議論の一つになるだろうことが予想される。

というのも2022年までNEDの『ジャーナル・オブ・デモクラシー』（民主主義ジャーナル）の創設者であり共同編集者でもあったラリー・ダイアモンドが、総統選が終わった翌日の

14日に台湾の国策研究院が主催するフォーラムに出席し、以下のように発言している。「エネルギー源こそは新政府の最重要課題で、もし台湾が（中国によって）封鎖されれば、台湾は2週間も持たないだろう。エネルギー不足ですぐに白旗を揚げるしかない状況にある」として5月20日から始まる頼清徳新政権に警鐘を鳴らしている。

そして「台湾は民主主義においては素晴らしいが、エネルギー問題に関する自覚がなさ過ぎる」と、脱原発を叫ぶ民進党に注文を付けているのだ。あれだけ民進党を無条件に支援しているＮＥＤさえもが、民進党の頼清徳新政権に厳しいことを言っているのだから、エネルギー問題は、台湾にとって致命的だと言わねばなるまい。

このエネルギー問題に関して民進党がどうしても原発ゼロ政策である「２０２５非核家園政策」を貫徹しようとするなら、アメリカは中国による台湾統一を阻止するために、ひょっとしたら民進党を見捨てる日が来るかもしれないほどに、台湾のエネルギー問題は深刻だ。民進党を支援するのをやめて、原発推進派の国民党と民衆党を支援するなどということはあり得ない想定だが、このままだと台湾はエネルギー問題で中国に統合される可能性は大きい。それくらい台湾のエネルギー問題は致命的だということなのである。

三　習近平が描く「平和統一」の青写真

一方、習近平は、その「台湾包囲作戦」にさえ踏み切りたくないと思うほど、何としても「平和統一」を成し遂げたいと思っている。

日本では、アメリカのNEDの洗脳が染みわたっているので、「中国が一方的な力の変更により台湾を統一しようとしている」という表現がマスコミで常套句《じょうとうく》のように使われている。それでも台湾問題の真相を、ゼロから見直す必要がある。それをしないと命を奪われるのは日本人だからだ。

大雑把に言うならば、明王朝時代から清王朝時代にかけて「中国」は台湾を統治していた。しかし日清戦争に敗北した清王朝は1895年4月17日、下関で日清戦争の講和条約である下関条約（中国では馬関条約）を結んだ。このとき清王朝は朝鮮の独立を承認（宗主権を放棄）するとともに、「遼東半島、台湾、澎湖《ほうこ》諸島」を日本に割譲した。

しかし日本敗戦後の後始末を相談したカイロ宣言（1943年）によって、これら下関条約により日本に割譲された領土はすべて「中国」＝当時の「中華民国」に返還されることが約束された。1945年8月の日本の敗戦により、完全に「中華民国」に返還された。

ところが日本敗戦後、この「中華民国」内で「国民党と共産党との間で、中国という国家内での内戦」すなわち「国共内戦」が展開された。中国人民解放軍が勝利した区域を「解放された区域」という意味で「解放区」と呼んだ。したがって「国共内戦」は「解放戦争」とも呼ばれ、「革命戦争」とも称された。

毛沢東側からすれば「中華民国」政府を倒すための「革命」なので、「革命戦争」でもあるのだ。中国大陸でもっとも普遍的に使われているのは「解放戦争」である。国民党の蔣介石側からすれば、あくまでも「国共内戦」だ。

台湾は、この「解放戦争」の際に中国人民解放軍が取り残した区域に過ぎない。

1949年10月1日に毛沢東が「中華人民共和国」の生誕を天安門楼上で宣言したときから、「台湾解放」は「解放戦争」の続きとして位置づけられていた。「台湾解放」を少しだけ後回しにしたのは、中国共産党軍の海軍力と空軍力が弱かったからだ。

だから毛沢東は旧ソ連のスターリンに相談し、「先に中華人民共和国の誕生を宣言して、続けてすぐにソ連の空軍の力を借りて台湾解放を成し遂げる」約束を取り付け、そのつもりで台湾解放を少しだけ後回しにした。

「中華民国」の国民党軍を率いていた蔣介石は「国共内戦」に敗北し、1949年12月に大陸をあとにして台湾に逃れ、台北を「中華民国」の臨時首都（国共内戦中の戦時首都）とした。

ところが周知のように北朝鮮の金日成《キムイルソン》が朝鮮半島の統一戦略をスターリンに持ちかけてきた。スターリンは毛沢東との約束を後回しにして、金日成が持ちかけてきた戦略を優先した。こうして朝鮮戦争が始まってしまったために、毛沢東はスターリンと金日成の罠に嵌《はま》り、朝鮮戦争に出兵せざるを得ないところに追い込まれてしまった。

中華人民共和国が誕生した約1年後の１９５０年10月には中国人民志願軍を北朝鮮に派兵して約20万人の戦死者を出し、50万人の戦傷者や行方不明者を生んだ。戦死者の中には毛沢東の長男も入っている。

このとき毛沢東は「１００年かかっても台湾解放は成し遂げる」と誓ったことは有名だ。しかし朝鮮戦争によりアメリカが第七艦隊を台湾に横づけするようになったので、武力的な「台湾解放」をしばらくは放棄せざるを得なくなった。そこで毛沢東の時代から「台湾の和平統一」が戦略線上に上がってきたのだ。

それでもときどき毛沢東が台湾の蔣介石総統が陣取っている台湾島以外の地域への武力攻撃を試みたのは、「まだ国共内戦中だからね」ということをアメリカにアピールしたかったからだ。あの当時、実は「金門島」を中国人民解放軍が陥落できる状況にあったが、いざ攻め込もうとしたときに、毛沢東が一方的に突然止《と》めた。

その理由が凄い。

「金門島を残しておき、ときどきそこで争いが起きていれば、中国はまだ内戦中であることをアメリカに見せつけることができる。台湾はただ単に解放が遅れているだけで、【中国】という大きな括りの中の領土の一つに過ぎないことを示すことができるからだ」というものである。それ以来、中国が台湾の「平和統一」を叫ぶのをやめたことはない。

2024年3月5日の李強《りきょう》国務院総理による政府活動報告の中でも、李強は台湾統一に関して何度も**「和平」（平和）**という言葉を用いて中国政府の考え方を表現している。たとえば、

●私たちは新時代の台湾問題解決に向けた党の総合戦略を堅持し、「一つの中国」原則と「九二コンセンサス」を堅持し、「台湾独立」の分裂主義と外部干渉に断固として反対し、**両岸関係の平和的発展**を促進しなければならない。

●祖国統一の大業を揺るぎなく前進させ、中華民族の根本的な利益を維持し、**両岸の融合的発展**を深化させ、両岸同胞の福祉を推し進め、心を一つにして民族復興の偉業を成し遂げなければならない。われわれは、自主独立的な**平和外交政策**を堅持し、**平和発展の道を堅持し**、互恵・ウィンウィンの開放戦略を断固として追求し、平等と秩序を主導する多極化を推進しなければならない（李強の政府活動報告からの引用はここまで）。

このように何度も「平和」という言葉を使っている。日本のメディアは、2024年3月5日の李強による政府活動報告の中に「台湾平和統一」という「平和」が付いた6文字がなかったことを根拠に、「だから習近平は平和的に台湾を統一するのではなく、武力攻撃をするつもりだ」とわき立った。まるで「台湾有事」があるのは「勇ましいこと」のように燥《はしゃ》ぎまわった。

もう、みっともないと思うほど幼稚すぎて、中国の真相を見る視点の、あまりの欠如に唖然《あぜん》とするばかりだ。日本人がどれだけ深く「第二のCIA」であるNEDのコントロールに嵌ってしまっているか、想像に難くない。

李強の政治活動報告で、注目しなければならないのは、むしろ、

両岸融合発展（両岸の融合的発展）

というフレーズだ。習近平も2024年の両会（全人代＋全国人民政治協商会議）開催期間の3月6日に、全国人民政治協商会議の議員団である八大民主党派の一つ「中国国民党革命委員会（略称：民革）」の会議に参加して意見交換を行い、以下のように述べている。

——民革は自らの正しい立場をさらに見出し、その利点を最大限に発揮し、対台湾工作の全体的な状況において積極的な行動をとり、国内外および台湾島内外のすべての愛国勢力をより良く団結させるべきだ。引き続き「独立」に反対する勢力を強化して統一を促進し、**祖国の平和的統一**を共同で推進しなければならない。科学技術、農業、

人文科学、青少年育成などの分野における両岸の交流・協力を積極的に推進し、各分野での**両岸の融合的発展**を深化させていこう（習近平の民革会議発言の引用は以上）。

このようにワンセットの「台湾平和統一」という6文字を使わなくても、至るところで李強も習近平も「台湾を平和的に統一する」という意味のことを、表現を変えて何度も言っている。ここでも注目すべきは、習近平が**両岸の融合的発展**という言葉で台湾との関係を表現していることだ。

全国政治協商会議の王滬寧《おうこねい》主席（新チャイナ・セブンの一人で党内序列4位）は2024年3月7日午後、台湾代表団（議員団）の審議に参加して、台湾との安定した関係を維持し、**両岸の融合的発展**のためにともに努力しようと述べている。

最近は「両岸の融合的発展」という言葉が強調されるようになった。「統一」というよりも、「統一されるのは当然なので」、それよりも深い概念である「祖国の同胞として融合的発展を遂げよう」という表現が多いのである。

拙著『習近平三期目の狙いと新チャイナ・セブン』で書いたように王滬寧が全国政治協商会議の主席になるということは、「台湾統一」を一歩前に進ませることだと書いた。なぜなら政治協商会議の主たる仕事は「統一戦線」だからだ。

案の定2023年6月17日になると、王滬寧は「第十五回海峡論壇大会（海峡フォーラム）」を開催して、中共中央と国務院が「福建省による海峡両岸融合発展の新たな道筋を模索し両岸融合発展モデル区を構築するのを支持することに対する意見」（以後、「両岸の融合的発展に関する意見」）を制定したと発表した。そのときの写真を図表3-2に示す。

この「両岸の融合的発展に関する意見」の具体的内容自体は宣言通り、9月12日に発表されている。「両岸融合発展」という言葉は2023年6月になって、ようやく国家レベルの政策になった。その証拠に、2023年3月に開催された政府活動報告には「両岸融合発展」という言葉はない。

図表3-2：海峡フォーラムのテーマは「融合発展を深化させる」

出典：CCTV

それなら習近平は「両岸融合発展」を、どのような形で実現しようとしているのだろうか？

それこそが、

2035年、高速鉄道に乗って台湾に行こう

というスローガンだ。

2021年2月、中共中央、国務院は〈国家総合立体交通網計画綱要〉なるものを発表した。そこには「国民経済と社会発展　第十四回五ヵ年計画と2035年ビジョン目標綱要」を貫徹するためと書いてある。それを受けて2022年7月、発展改革委員会が「国家公路網計画」を発表した。「国家公路網計画」に書いてある【G3】が以下の「北京～台北」への国道になる。【G】は国道（Guo-Dao）を意味する。

高速道路

G3北京－台北：北京、廊坊《ろうぼう》、滄州《そうしゅう》、徳州、済南、泰安、曲阜《きょくふ》、徐州、蚌埠《ほうふ》、合肥《ごうひ》、銅陵、黄山、衢州《くしゅう》、建甌《けんおう》、福州、台北

G1533泉州－金門：泉州、金門

G1534廈門《アモイ》—金門：廈門、金門
G639馬祖—福州：馬祖、福州

一般道路

「国家公路網計画」は台北への公路を2035年までに完成させようという計画で、そのグランドデザイン・マップ「国家高速公路網分布図方案」を図表3-3に示す。「国家公路網計画」の付属文献3にある地図の図例を日本語化して、右下に「福州—台北」区間を拡大したものを貼り付けた。

この青写真を実現させるためには何よりも台湾側の同意が得られなければならない。これに関して実に興味深い出来事があった。

実は2022年6月19日、台湾の民衆党主席・柯文哲が台北市の市長だったときに金門を訪問し、「廈門・金門大橋の建設に賛成する」と表明したのだ。

台湾側が拒否している限り架け橋も海底トンネルも通すことはできないのだから、その意味で柯文哲の絶賛表明は、中国大陸側にとって非常に大きなものだったにちがいない。

この日、柯文哲の顔を大写しにした台湾のテレビ局TVBSは、その様子を〈2024年総統選キックオフ儀式か？　柯文哲は「金廈大橋」を建設しようと叫んだ〉という見出しで、概

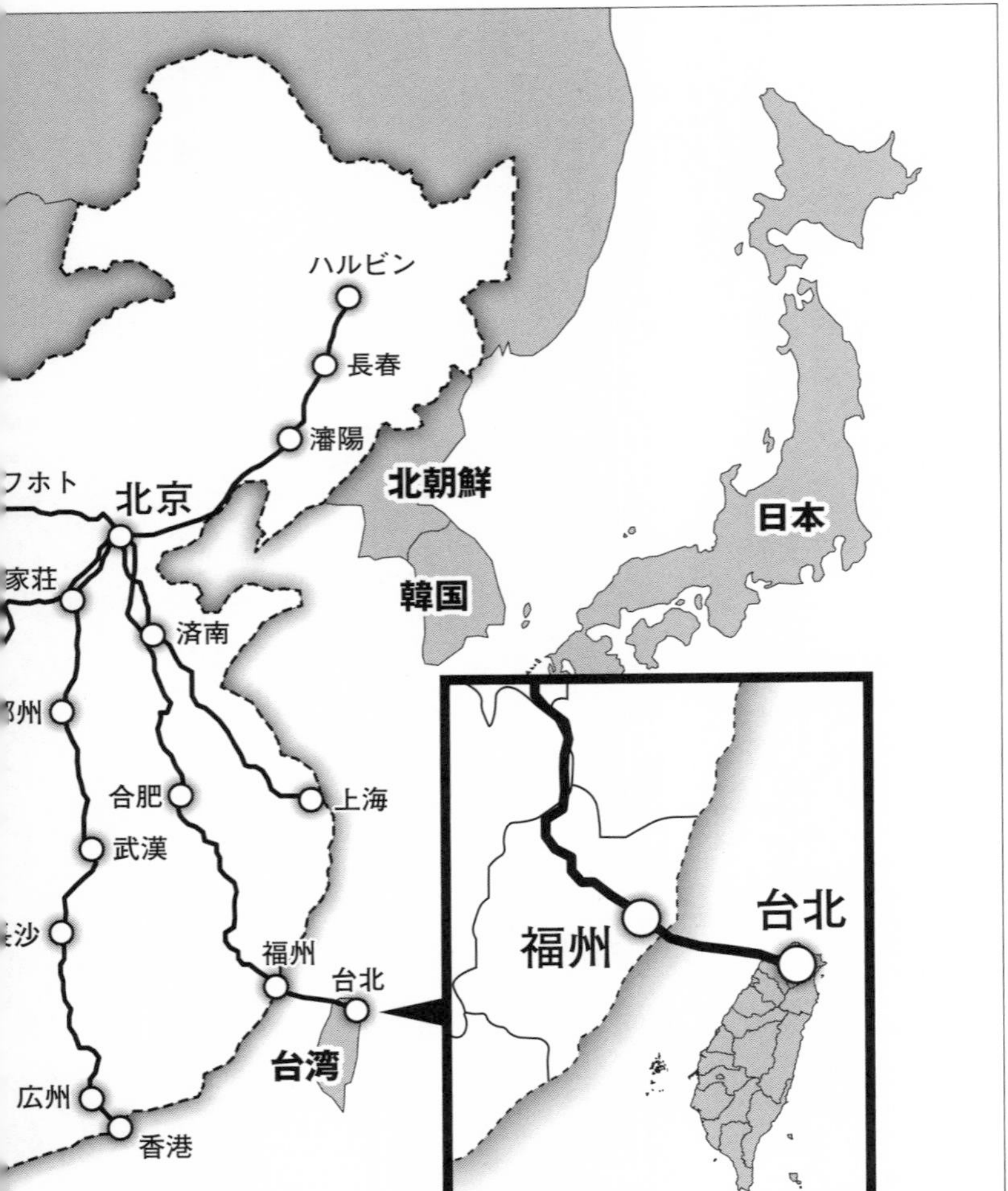
ハルビン
長春
瀋陽
フホト
北京
北朝鮮
日本
家荘
韓国
済南
州
合肥
上海
武漢
沙
福州
台北
台湾
広州
香港
台北
福州

図表3-3：国家高速公路網分布図方案

出典：国家総合立体交通網計画綱要

ね以下のように報道している。

――柯文哲は金門島に旗を立てるためにやってきた。総統選に関して天の声を聴くために。彼は突然両岸問題を叫び始め、「金門厦門大橋を建設すべきで、厦門と金門を連結する飛行場も建設すべきだ。一本の橋さえあれば、金門の問題は一気に解決する！」と主張した。

それに対して台湾の民進党の許智傑《きょちけつ》議員は「そんなことをしたら、狼を家に誘い込むようなものだ」と反対の意見を述べている。

しかし柯文哲はなおも「金門は福建省から水を引き込んでおり、海峡の両岸は長年にわたって水でつながっているのだから、国境を越えた橋を建設することは実に素晴らしい」と続けた（筆者注：金門島は昔から水を大陸から貰っているが、2018年には福建省から海底パイプラインを通して金門島へ水を提供し始めた）。

民進党の許智傑は柯文哲に「清兵入関を招くようなことをするな！」と厳しく批判した（筆者注：これはどういう意味かというと、その昔「万里の長城にある山海関を開放して清の軍隊を通過させたために、明王朝が滅亡してしまった」事件を喩《たと》えて、「金門厦門大橋が建設されたりなどしたら、みすみす大陸の軍隊に台湾の金門島に簡単に入り込むことを許すようなものだ。だから金門厦門大橋など建設させてはならない」ということを示唆する）。

図表3-4：柯文哲の主張する大橋計画

出典：台湾のテレビ局TVBSの一画面

それでも柯文哲は譲らず、図表3-4にあるようなマップを見せて、テレビ局が柯文哲の主張を解説した。図表3-4は、台湾側が考えている金門と厦門を連結する予想図だ。

図表にある「大嶝島《だいとうじま》」と「小嶝島《しょうとうじま》」は、まだ中華人民共和国が誕生する前の中華民国時代には、福建省金門県に属していた。しかし1949年10月に中国人民解放軍がこの2つの島を「解放」したので、現在は中華人民共和国福建省厦門市翔安区《しょうあん》に属している。小嶝島は金門に一番近い島となる。金門島は先述したように毛沢東がわざと「解放せずに」蒋介石率いる国民党軍側に残してあげたので、当然今は「中華民国福建省金門県」となり、台湾側に属している。

厦門翔安国際空港は、この大嶝島と小嶝島の間に埋め立て地を作って大型の国際空港を建築する予定で、すでに工事に入っている。これを利用できれば、台湾人にとっても、どれだけ便利が良いかと柯文哲は主張していた。

先述の2023年9月12日に中共中央と国務院が発表した「両岸の融合的発展に関する意見」の「十二」には「金門が厦門新飛行場を共有することを支持する」という言葉がある。この新飛行場は厦門翔安国際空港のことを指している。

台湾側が図表3-4に示した計画を持っているのならば、中国大陸と台湾は、すでに**「融合的発展」**時代の段階に入っていると言っていいだろう。絵に描いた餅では現実味がないので、現在進行中の写真を一枚、お見せしたい。図表3-5にあるのは、海の中に突き出ている桟橋の土台になる部分である「鋼鉄製架台」を建築中の場面で、そのプロジェクト名は「厦門第三東航路プロジェクト」だ。

以上が台湾に関して習近平が描いている青写真の一つで、台湾側にもそれに呼応したい一派がいる。互いに融合的に発展し、経済を豊かにしていきたいというのが双方の夢だ。

その夢を打ち砕いて戦争に持っていこうとしているのがバイデン政権であり、「民主の衣」を着て戦争を仕掛けていくNEDである。

日本はどちらを選ぶのか。

図表3-5：桟橋の土台になる架台を建築中の厦門第三東航路プロジェクト

出典：厦門日報

そもそも台湾問題は国共内戦の延長上にあり、他国が口出しする性格のものではない。

くり返しになるが、アメリカはニクソン政権時代にベトナム戦争に対する世界の非難から逃れるため、そして憎っくきソ連を崩壊させるために毛沢東と手を結んだ。こうして「一つの中国」を認め、1971年10月25日に「中華人民共和国」を唯一の「中国を代表する国」として国連加盟させた。同時に日中戦争で真正面から日本軍と戦った国民党が構築する「中華民国」台湾を国連から追い出した。

国連は敗戦国であった日独伊三ヵ国に対して立ち上げられた組織だ。

だというのに、日本軍と戦うことに貢献した蔣介石率いる「中華民国」を国連から追い出し、「日本軍と共謀した」男・毛沢東が率いる共産中国を正式の「中国」として認めたのである（拙著『毛沢東　日本軍と共謀した男』参照）。

そんなことをしておきながら、今度は中国が強くなってアメリカを凌駕《りょうが》しそうになったので、台湾の独立派を支援して中国に武力攻撃させようとしている。そんなバイデン政権のプロパガンダに乗っかって「台湾有事」を叫ぶ日本。

国連で承認された「一つの中国」を覆《くつがえ》したかったら、国連で勝負せよ。

国連で勝負せずに、何としても武力攻撃に持っていきたい日本。

力による一方的な現状変更をしようとしているのは誰なのか？

日本は血に飢えているのか？

戦争を知らない世代は、戦争がどのようにして人命を奪い、生き残っても生涯どれだけ、その恐怖のトラウマから抜け出せずに苦しみ、のたうち回るのかを知らない。

せめてウクライナの惨《みじ》めな終末を直視するといい。

日本はウクライナと同じように、最終的にはアメリカに見捨てられる可能性がある。

台湾有事に酔いしれたいのなら、そのことを覚悟せよ。

第四章

ヌーランドとモスクワ・テロの真相

一　ドイツ空軍のクリミア大橋爆撃機密会話漏洩

――煽っていたヌーランドはついに更迭

２０２４年３月１日、ドイツ空軍高官がクリミア大橋爆撃計画を謀《はか》る会話がロシアによってリークされた。７日に中国の中央テレビ局ＣＣＴＶが漏洩《ろうえい》事件を特集し、中国共産党の内部資料「参考消息」なども詳細を伝えた。

時を同じくして２０１３年末から２０１４年初頭にかけてウクライナのマイダン革命を画策した、ネオコンの根城を形成するヴィクトリア・ヌーランド国務次官の（数週間以内の）辞任が伝えられた。これに関してアメリカのジャーナリスト、ダニー・ハイフォンが元国際連合大量破壊兵器廃棄特別委員会主任査察官スコット・リッターを取材した長い動画を見つけた。

そのほか数多くの関連情報を鑑みると、ヌーランドの突然の辞任は更迭と考えていいようだ。なぜならロシア攻撃に関してもっとも積極的なのはヌーランドで、この陰謀が実現されれば第三次世界大戦に突入することは明らかだったからだ。何よりも、それは２０２４年のアメリカ大統領選を勝ち抜きたいバイデンにとっては非常に不利で、現時点（執筆時点）での政権の意思と相反するからである。

中国で全人代（全国人民代表大会）が開催されていた最中の２０２４年３月７日、中国共産党が管轄する中央テレビ局ＣＣＴＶ新聞端末は〈ドイツ軍高官が参加したオンライン会議の際に機密保持措置を怠り、漏洩につながった〉という見出しで、詳細に報道している。全文は非常に長いので、要点だけを略記すると以下のようになる。

――３月１日、ロシアメディアは、ウクライナへの巡航ミサイル供与と（ロシア本土とクリミア半島をつなぐ）クリミア大橋の爆撃に関して、ドイツ軍将校らが話し合っている音声録音を公開した。ドイツ国防相は５日、会議参加者がネット接続する際に機密保持措置を怠り、内容が傍受されたと述べた。複数のメディア報道によると、この参加者は２月19日にシンガポールに滞在していた

図表4-1：獰猛なヴィクトリア・ヌーランドの表情

出典：CBSニュース

ドイツ国防軍空軍作戦・演習部長のグレーフェ准将だった。ドイツの西側同盟国であるアメリカ、イギリス、フランスはこの漏洩《ろうえい》に激怒した。この会談は秘密であるはずだったが、ドイツの無能さを確認する結果となった。

ドイツのショルツ首相は4日、ウクライナに「タウルス」巡航ミサイルを提供しないと改めて表明した。ドイツ首相はこれに先立ち、これは「越えてはならない一線」で、これを越えればドイツが戦争の当事者になると述べていた（CCTVからの引用はここまで）。

このニュースは日本メディアでも報道されており、ドイツ側でも本物の音声だと認めているようだ。

中国共産党内部の情報網だった「参考消息」（今では公開）は、3月6日に〈ドイツ軍「情報漏洩事件」の責任者特定、「シンガポールで傍受されていた」〉という見出しでロシア衛星通信社の記事をさらに詳細に報道している。

興味深いのは3月6日の中国の「羊城晩報」の〈ドイツ国防省「1234」をパスワードに使うとは、セキュリティが問われる〉という報道だ。それによればドイツ国防省は、漏洩した軍通信に関するパスワードが「1234」だったことが判明したと表明し、批判を受けている

図表4-2：ドイツ軍の通話記録を示すビデオ

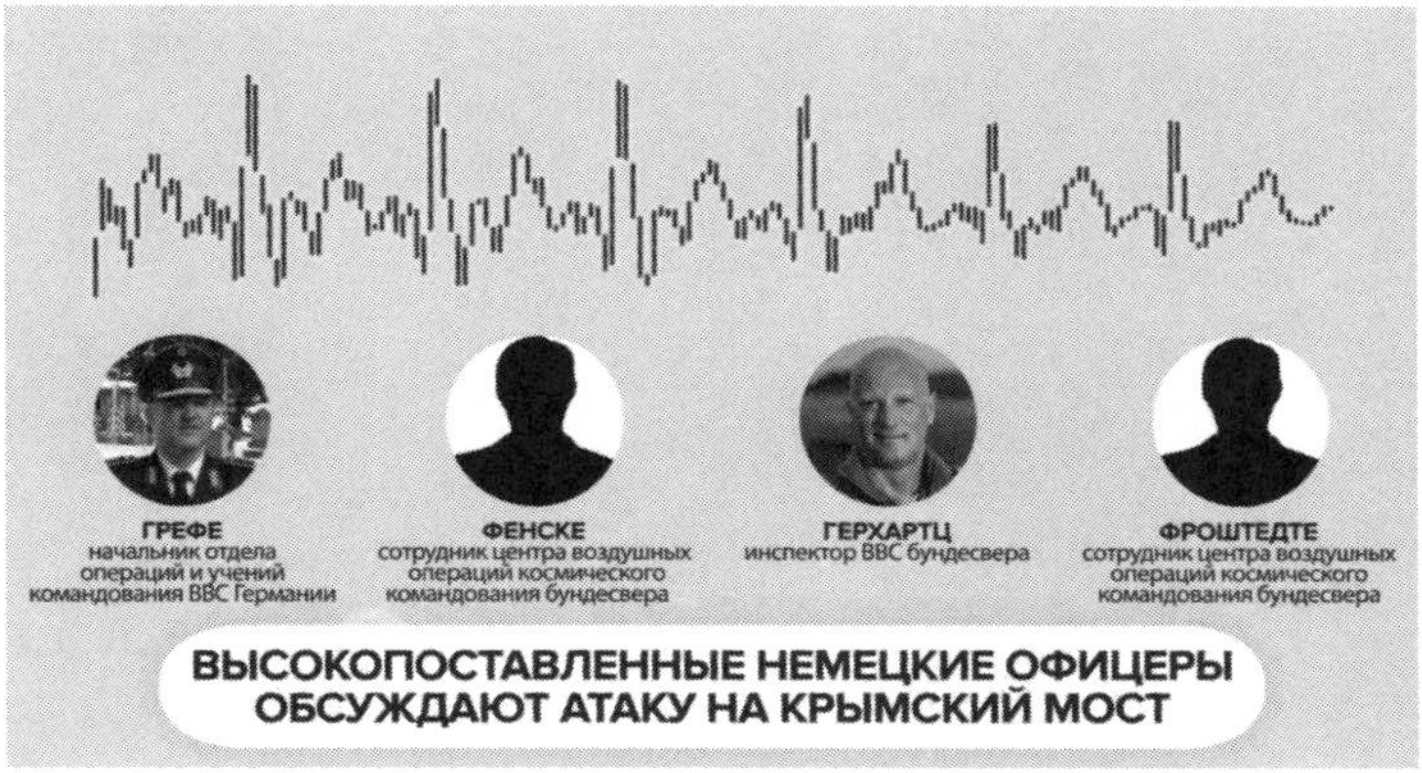

出典：ロシア・トゥデイ

とのこと。

図表4-2に示すのは、3月1日にロシア・トゥデイ（RT）が公開した「ドイツ軍の通話記録ビデオ」のスクリーンショットだ。

図表4-2の波形はオーディオスペクトルを示しており、ロシア側がここまで公表したのは、声紋鑑定を行えば、これがフェイクかどうかもはっきりするという目的だと思われる。事実、ドイツ側は、これが事実であることを認めている。

ロシア語に堪能な友人に教えて頂いたのだが、顔写真がない者も含めて、左から右へ順に名前と肩書を記すと以下のようになるようだ。

Mr.Grefe　ドイツ軍司令部作戦教練部長
Mr.Fenske　ドイツ国防軍宇宙航空作戦部員
Mr.Gerhartz　ドイツ国防軍監察官
Mr.Froschedt　ドイツ国防軍宇宙航空作戦部員

傍聴された会議の内容によれば、クリミア大橋への攻撃方法以外に「ショルツ首相は腰抜けだ」などの悪口もあったとのこと。

アメリカのブリンケン国務長官は3月5日、ヌーランド国務次官が今後数週間以内に退任すると発表した。本章の冒頭に書いたように、これに関して見つけたアメリカのジャーナリスト、ダニー・ハイフォンが元国際連合大量破壊兵器廃棄特別委員会主任査察官スコット・リッターを取材した長い動画のタイトルは**〈ロシアがウクライナのネオコン政策を破壊する中、ヴィクトリア・ヌーランドにとってはゲームオーバーだ〉**。関連する部分の要点だけを示すと、以下のようになる。

●ヴィクトリア・ヌーランド。**ネオコンの「クッキーモンスター」よ。ゲームオーバーだ。**

●今回の辞任は、彼女の自発的行為ではない。彼女はウクライナ紛争の立案者であり、彼女はリセットを考えたことはない。彼女は常に好戦的で、前のめりばかりを続けてきた（＝今般の好戦的な挑発もヌーランドによるものだ）。

●しかしそれはバイデン政権が現在求めているものではない。バイデンは今年の大統領選で勝利を望んでいるのであって、今この状況で欧州をけしかけたら、第三次世界大戦、いや核戦争になってしまう。ヌーランドの動きは、今やホワイトハウスの利害と一致していない（＝だから欧州を煽ったのはバイデン政権にとって「害」である）。

●欧州に圧力をかけ、打倒ロシアに向けて財力や兵力を投じさせたが、結果としてそれは「ロシアの脆弱化」を招かず、ロシアを強くさせているではないか。ロシアの勝利は明らかで、ウクライナの敗北も明らかだ。

●ゲームオーバーだ！　ヌーランドがこれ以上欧州をけしかけてロシア打倒に向けて前のめりになれば、ロシアはさらに強くなり、怪物を生み出すことになる。

●ヌーランドよ、あなたは今や問題を解決する一部ではなく、あなた自身が問題の一部になったのだ。そのことを自覚せよ（動画の概略はここまで）。

概ね以上のようなことを、他の要素も絡めながら凄まじいスピードで喋《しゃべ》り続けている。この動画だけでなく、他の多くの情報があるが、要するにヌーランドは戦争ビジネスで生きるネオコンの闘士として終わりを告げ、バイデンにとってはむしろ「害」をなすモンスターとなり、**更迭された**ことが推論される。

なお動画の冒頭にある「クッキーモンスター」だが、拙著『習近平が狙う「米一極から多極化へ」　台湾有事を創り出すのはＣＩＡだ！』でも触れているので、ここでは省略するが、簡単に書けば以下のようなことを指す。

2013年末、親露政権を倒すべく当時のバイデン副大統領は部下のヌーランド（当時の国務次官補）とともにマイダン革命を起こすべくウクライナ国民を焚きつけた。そのときに懐柔手段としてヌーランドはウクライナ国民にクッキーを配った。その写真が数多く出回り、広く世界に知れ渡ったことから、「クッキーモンスター」というあだ名が付くようになったのである。

ちなみにマイダン革命の最中に、ヌーランドが当時の駐ウクライナのアメリカ大使ジェフリー・パイアットとアメリカが打ちたてる次期傀儡《かいらい》政権の閣僚人事に関して話し合っている会話がロシアによって傍受されリークされた。そのURLはhttps://www.youtube.com/watch?v=r5n8UbJ8jskで、今でも聞くことができる。

前述の拙著『習近平が狙う「米一極から多極化へ」 台湾有事を創り出すのはCIAだ!』の【終章 「アメリカ脳」から脱出しないと日本は戦争に巻き込まれる】に書いたように、日本は完全にネオコンが主導する「第二のCIA」であるNEDによってマインドコントロールされている。その証拠に日本の閣僚らが、どれほど「クッキーモンスター」と仲が良いかを誇っているような一枚の写真（図表4-3）をご紹介したい。少し古いが、2022年5月4日、ヌーランドのツイッター（現X）に載っている写真だ。

まるで「裏金モンスター」のような日本の自民党が、どのようにして「クッキーモンスター」のように政界で暗躍しているかは、「裏金、統一教会…」といった、裏で動く「魔術の小道具」の正体を見極めないとわからない。その「魔術」に日本の選挙民は目くらましを喰らい、日本を再び戦争に持っていこうと「戦争利権」だけで動いている「クッキーモンスター」とその指揮者ジョー・バイデンの操り人形のような政党に「民主主義の鉄槌《てっつい》」をくだす見識と勇気がない。

日本がそこから抜け出し、自主独立の国家として立ち直って欲しいという気持ちが執拗《しつよう》に真相を追う力を与えてくれている。

次は「クッキーモンスター」が絡んでいると思われるモスクワのテロに斬り込もう。

図表4-3：クッキーモンスターと愉快な仲間たち

出典：ヌーランドのツイッター（現X）

二　モスクワ・テロの背後にもヌーランドが

ロシアの首都モスクワ郊外のコンサートホールで2024年3月22日夜、テロが起き、多数の犠牲者を出した。この事件に関して中国には膨大な情報が飛び交っているので、まずは中国側の報道を考察する。次にモスクワに戻った昔の教え子から来た貴重な内部情報を基に、「背後にいるのは誰か？」を追跡分析したい。

中国での報道

中国では事件が起きた夜から、激しい報道がくり返されていた。中央テレビ局CCTVも中国政府通信社の新華網も、それぞれ特集のためのウェブサイトを立ち上げて、ほとんど分刻みで細かな情報をアップロードしているので、24時間読み続けても読み終わらないほど情報があふれ出ていた。中には動画による解説も多いので、それを整理してご紹介するのは困難だ。加えて民間のウェブサイトや個人のブログあるいはSNSなど、絶え間なくわき出る情報があるため、「中国ではこう考えている」と結論づけるような交通整理ができない。

そこでやむなく新華網が3月24日の時点で〈ロシアのコンサートホールでのテロ攻撃の背後

にいるのは誰か?〉という見出しで、動画を交えず主として文字を用いて報道しているので、それを中国政府の代表的な視点と位置づけてご紹介したい。

そこには主として以下のように書いてある（概略骨子）。

●ロシアの首都モスクワ郊外、クラスノゴルスクのコンサートホールで22日夜、テロが発生し、133人が死亡した。現在、テロ攻撃の背後にいる人物の身元については、アメリカ側が過激派組織「イスラム国」（ISIS）が事件を引き起こしたと主張する一方で、ロシア側は容疑者がウクライナ側と関係があると考えているなど、さまざまな説がある。

●プーチン大統領は23日のテレビ演説で、これは周到に計画されたテロ攻撃だ。テロリストとその背後にいる煽動者が誰であろうと、テロ攻撃のすべての実行犯、組織者、計画者は厳しく罰せられるべきだと強調した。

●プーチン大統領はまた、テロ攻撃の捜査の進捗状況を明らかにし、テロ攻撃の直接の責任者である4人を含む合計11人が逮捕されたとした上で「テロ攻撃の直接の加害者4人は、ウクライナの方向に隠れて逃げようとした」と述べた。

●暫定的な情報によると、ウクライナ側は国境を越えるための「窓口」を用意していた。ロシア連邦保安庁（FSB）とその他の法執行機関は、テロリストへの輸送手段の提供、脱出ルートの計画、武器や弾薬の準備と隠蔽《いんぺい》におけるすべての共謀を調査している。

●ＦＳＢは23日に声明を発表し、容疑者はテロ攻撃を実行した後、ロシアとウクライナの国境に逃亡し、車でウクライナに入国しようとし、最終的にブリャンスク州で逮捕されたと述べた。ＦＳＢは、容疑者はウクライナ側と関係があると強調した。

●ロシアの新聞「イズベスチヤ」のウェブサイトは、テロ攻撃の目的は人質を取って要求することではなく、「当局と諜報機関の無力さを浮き彫りにするためにロシア国民を威嚇することだった」と反テロ専門家の発言を引用した。

●テロ攻撃の背後にいる首謀者の身元についてさまざまな説がある。ＣＮＮによると、ＩＳがテロ攻撃を引き起こしたと主張している。

●「ＲＩＡノーボスチ」は、関連するアメリカ・メディアの情報は未確認であると指摘した。

●ＲＴ（ロシア・トゥデイ・メディア・グループ）のシモニャン編集長は23日、テロ攻撃の容疑者2人を尋問する動画を自身のＳＮＳに投稿した。そのうちの1人は、1ヵ月前にソーシャルメディアを通じて「武器と資金を提供するので、コンサートホールにいる全員を無差別に撃ち殺すよう要求された」と話した。

●ロシア内務省は23日、ブリャンスク州で逮捕されたテロ攻撃容疑者4人は全員外国人だと発表した。

●ロシアメディアの報道によると、今月（3月）7日、駐露アメリカ大使館はウェブサイトで声明を発表し、過激派がモスクワの大規模な集会に攻撃を仕掛けようとしていると述べた。また、声明には「コンサートも含まれる」と明記されている。

●アメリカの国家安全保障会議（ＮＳＣ）のジョン・カービー戦略広報調整官は、３月上旬、アメリカ側はモスクワとその周辺地域でのテロ攻撃の可能性を懸念し、アメリカ市民に注意喚起を送ったが、アメリカ側は上記の警告が「22日の銃撃事件」との関連性を現在判断できていないと説明した。カービー調整官はまた、アメリカ側は現在、ウクライナ人が何らかの形で事件に関与している兆候は見られないと述べた。

●これに対しロシア外務省のザハロワ報道官は23日、テロ攻撃に対するアメリカ政府の対応は「疑念に満ちている」と述べた。「アメリカ側は、どのような根拠で、特定の側が関与していないと結論づけるのか」と疑問を呈した。アメリカ側が信頼できる情報を持っているのであれば、ロシア側に提供すべきだと述べた。

●ウクライナ外務省は声明を発表し、ウクライナがテロ攻撃に関与した疑いがあるというロシアの非難をウクライナ側は「断固として拒否する」とし、ロシアの非難はロシア社会の反ウクライナ感情を煽ることを目的とした「意図的な挑発」だと述べた。ウクライナ大統領府ポドリャク顧問もソーシャルメディアでテロ攻撃に関与していることを否定し、「ウクライナは事件とは何の関係もない」と述べた。

●近年、ロシアはテロ対策を強化しており、モスクワはおろかロシア全土でも大規模なテロ攻撃はまれだ。昨年12月12日、FSB長官で国家テロ対策委員会のボルトニコフ委員長は、2023年のロシアの対テロ活動の結果を紹介する際に、ロシアは146件のテロ未遂を含む228件のテロ犯罪を防止したと述べた。ロシア側はまた、73の秘密テロ組織の活動を防止した。

●しかし、このたびのテロ攻撃はロシアの安全保障のギャップを露呈させた。ロシアの政治学者ミハイロフは「ロシア政府は大規模な大衆活動のための組織プログラムを改善する必要がある。テロ攻撃を実行した犯人は非常に専門的であり、建物の内部環境、出入り口の位置、警備員の配置を熟知しており、関係者が事前に事件の場所を詳細に調査している可能性が高い」と指摘した。

●ロシアの軍事専門家であるダンディキンは「テロリストがコンサートホールに武器を持ち込めたこと自体、関係省庁が深く反省し検討する必要がある」と指摘した（新華網は以上）。

長々と書いて申し訳ないと思うが、中国が如何《いか》なる立場からこの事件を見ているかを知るためには、ここまで書かないと十分には浮かびあがってこない。ここから見えるのは、中国は案外に中立的で、必要不可欠の情報を万遍なく拾っていることだ。

昔の教え子からのモスクワ便り

その一方でモスクワはどう見ているかを、すでにモスクワに戻っている昔の教え子に聞いてみた。すると「まだ犯行を指示した真犯人を完全に突き止めるところまではたどり着いてないので、あくまでも個人の感想ですが……」と前置きした上で、以下のような骨子の返事をくれた（3月25日時点）。

●クレムリン筋では、ウクライナ国防省情報総局のブダノフ総局長が作戦・実行指揮をした可能性が高い、と現時点では見ていると伝わってきています。ブダノフはナワリヌイ死去についても「これは自然死である」と断言した人です。遠くウクライナにいて、なぜ断言できるのかと思いますが、彼はアメリカのＣＩＡやイギリスのＭＩ６に近い人物と言われていて、「とにかくロシア人は軍人、民間人を問わず、すべて殺せ」と公言しています。この局長の下で、すでにテレビコメンテーターのドゥギナに対する自動車爆破殺人、クリミア橋の爆破、右派ブロガー・タタルスキーのサンクトペテルブルクのレストランでの贈呈品に時限爆弾を仕掛けての爆破殺人など、いくつもの「暗殺の前科」が十分にあります。

●逮捕された4人の実行犯の一部供述は、逮捕現場近くで撮影され、昨日当地のテレビでも放映されて、それも見ました。ほぼ全員が中央アジアのかなり貧しい国々の人間で（おそらくタジク人だと思われます）、ロシア語がかなり下手で、ひとりはまったく話せない。宗教的背景というよりも金銭的利益につられて実行した、という感じがありありでした。

●彼らは単に利用されただけ。もしイスラム過激組織であるなら、宗教的背景が強いはずで、それなら恐らく犯行後、逮捕されるのを避けるために「アラー万歳！」といった種類の言葉を発しながら自爆するはずなのに、そんな感じはまったくしません。そもそも全員、自爆するどころか、ひたすらウクライナ方向に向けて逃走したわけですから、その時点ですでに本物のイスラム戦士ではないと判断されます。逮捕されたあとも、みんなオドオドしていて、とても聖戦を戦い抜いた勇士のような趣はありませんでした。

●注目すべきは、犯行者たちは犯行現場から逮捕された現場まで、コンサートホールの真ん前にある「キーウ行きの幹線道路」を3時間以上にわたって、何の問題もなく車で逃走できたことです。逃走した車のナンバーなどはすぐにカメラで追跡できたはずです。しかもロシアの場合、大体州を越える際や都市を越える際には検問所が通常でもあり、何らかの幇助《ほうじょ》をしたロシア官憲の人物がいるのではないかとも疑われています。

●プーチン大統領のテレビへの出演（事件に関するスピーチ）が事件後19時間もかかったというのも、現場対応に追われたのではなく（それは内務省やモスクワ州知事の仕事です）、実行犯の裏に誰がいるか、彼らが一体どこから入国して、どこに逃げるつもりだったのか、この情報収集に手間取ったせいだと思います。

●ちなみにですが、このクロッカスシティ劇場のオーナーはホテルやモールなど幅広く所有しているのです。その人は実はロシア人ではなく、アゼルバイジャンのアリエフ大統領とも親族である、同国一の大富豪アガラーロフ一族のもので、完全民間施設です。完全民間、かつロシア人経営の場所でもないため、ここの警備は国営の劇場などと比べるとかなり緩いのです。事件後逃亡するには、このコンサートホールは高速道路の目の前にあり、非常に便利なところでもあります。駐車場もすべて無料で、簡単に入れる場所です。この富豪一族は、アゼルバイジャンでも大きなビジネスを持っていますが、最大の収入源はロシアです。ロシア政府関係者とも良好な関係を保っています。もちろん賄賂《わいろ》を配りまくっているのは間違いないところでしょう。プーチン肝煎《きもい》りの、ウラジオストクの極東連邦大学キャンパスや水族館等もこの一族の建設会社グループが受注、施工しました。日本であれば、この施設の所有者、運営者が出てきて謝罪するところでしょうが、ロシアではいまだこのような動きはありません。プーチンとも良好な関係を築いているアリエフ大統領親族会社ということで、こちらの対応にもプーチンは苦慮しているのではないかという様子が窺えます。いずれ補償問題をめぐって、この大富豪は大きな負担をさせられることは間違いなく、世間を驚かす巨額の寄付、補償などを追ってするものと私は見ています。

●余談が長くなりましたが、アメリカが事前にこのテロを知っていたというのは確実で、駐露アメリカ大使館が出していた警告は私も見ました。

●ヌーランドが今年1月に「今年プーチンを驚かす事件が起きる」などと言っていたこともあって、彼女がCIAやMI6と密接に連携していた可能性はあります。これを追及するのが喫緊《きっきん》の課題だと思われます。ヌーランドは90年代にNATOのアメリカ現地代表を務めていた時期があり、この間に多くの欧州の国防関係者と軍事や課報に関する情報を共有し、CIAやMI6とも親交を深めていったと思われます。マイダン・クーデターも指揮・指導はヌーランドだったことはすでに明白です。

●ノルドストリーム爆破もCIAが実行部隊だったことは、ほぼ確実です。実行提案はヌーランド、実行許可はバイデン、という構図だと思います（昔の教え子からの概要はここまで）。

なおヌーランドが「今年プーチンを驚かす事件が起きる」と言ったのは2024年1月31日にキーウを訪問したときの発言だ。ウクライナ・メディアのUKRINFORMが〈プーチンは今年、戦場で〝驚くこと〟に直面するだろう——ヌーランド〉という見出しで報道している。図表4-4に示すのは、その報道に載っているヌーランドの写真だ。戦争中なので、どこも「戦場」である。ロシアを戦場にしてやるという意味も含まれているかもしれない。

1月31日のキーウ訪問の際に、ヌーランドが誰と会ったかが重要だ。

実はアメリカ政府のウェブサイトには1月31日付けで、ヌーランドのウクライナ訪問についての説明があるが、そこにはただ〝she met with senior Ukrainian government officials〟（彼女はウクライナ政府高官らと会談した）とあるだけで、「誰と会ったか」は書いていない。

ということは、ゼレンスキー大統領には会っていないことを意味する。

ウクライナ側の発表を見てみると、同じく1月31日のウクライナ大統領府のウェブサイトに「ウクライナのアンドリュー・イェルマク大統領府長官が、キーウを訪問中のアメリ

図表4-4：プーチンに驚きのプレゼントを予告するヌーランド

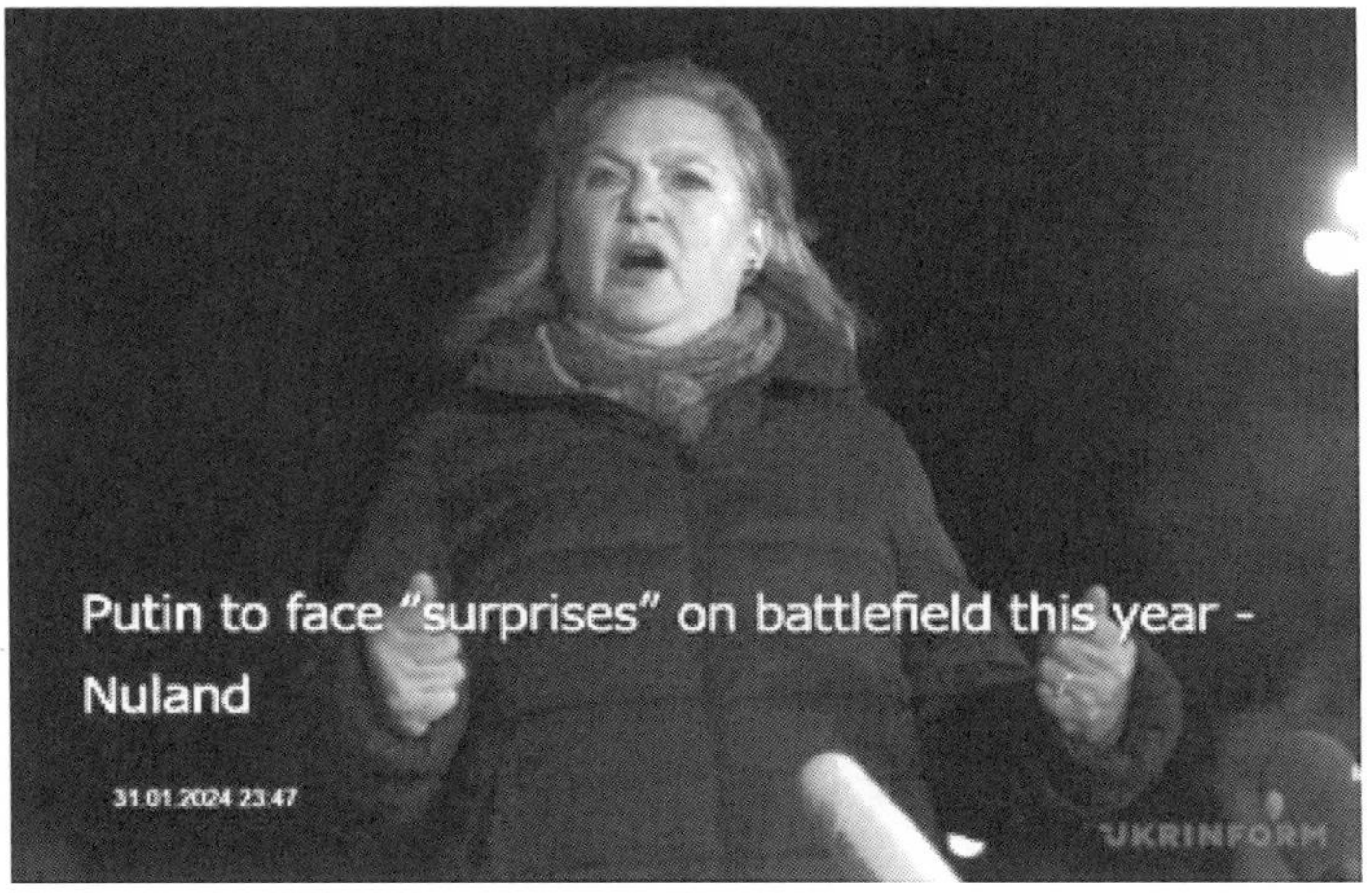
Putin to face “surprises” on battlefield this year - Nuland
31.01.2024 23:47
UKRINFORM

出典：UKRINFORM

カのヴィクトリア・ヌーランド国務副長官代行と会談した」としか書いてない。イェルマクは、アメリカの強力な防衛・経済支援に感謝の意を表し、ウクライナが勝利に近づくためには、継続的で包括的な支援が不可欠であると述べたとのこと。

そこにはイェルマクと会ったときのヌーランドの写真があるので、それを図表4-5としてお見せしたい。

横顔なので明確には読み取れないが、図表4-5にあるヌーランドの表情には「心の奥に秘めた企《たくら》み」は漂っていても、図表4-4にあるような「勇ましい戦士」のような勢いはない。

となると、図表4-5から図表4-4に至るまでに何かがあったはずだ。

図表4-5：2024年1月31日に訪ウしたときに会った イェルマク大統領府長官とヌーランド

出典：ウクライナ大統領府ウェブサイト

何か――。

それは、たとえばウクライナ国防省の情報総局長ブダノフに会ったというような「何か」である。そうすれば整合性を持つ。

モスクワにいる昔の教え子は、「クレムリン筋では、ウクライナ情報総局ブダノフ総局長が作戦・実行指揮をした可能性が高い、と現時点では見ていると伝わってきています」と書いてきたではないか。

ブダノフだ――。

ブダノフを追うのだ。

フルネームはキリーロ・ブダノフ。1986年生まれで38歳。2007年にオデッサの陸軍士官学校を卒業後、ウクライナ国防省情報総局特務部隊に配属されたという。特殊部隊なので、極秘裏に殺人や事件を実行することは専門だと言っていいだろう。若いだけにIT関係の名手であるかもしれない。

図表4-6：ウクライナ国防省情報総局長ブダノフ

出典：ウィキペディア

長時間にわたる追跡の末、ついに見つけた！

実業家で政治活動家でもあるキム・ドットコムという人物（50歳、ドイツとフィンランドの二重国籍）が2024年2月2日に、ツイッター（現X）にポストしていたのだ。曰《いわ》く：

ゼレンスキーは権力闘争に敗れた。
彼の退任は数週間以内に予定されている。
ヴィクトリア・ヌーランドはウクライナ訪問中に後継者と会談した。
そのプレーヤーを見てください：ザルジニー、ブダノフ、ポロシェンコ。

こんな短い文章の中に入っている事実の深さ！

これで謎が解ける。

「ゼレンスキーは権力闘争に敗れた」は何を意味しているかというと、「1月29日にゼレンスキーはウクライナ軍の最高総司令官であったヴァレリー・ザルジニー（1973年生まれ、50歳）に退任を求めたが、ザルジニーは拒否したという事実を指しているものと思われる。

なぜ退任を求めたかというと、表面上は「ウクライナの反攻が昨年秋に頓挫《とんざ》し軍の再活性化を目指すため」となっているが実際は違うだろう。ザルジニーは「鉄の将軍」というあだ名を持つほど強く、何よりも国民の人気が圧倒的に高い。

それに比べてゼレンスキーの人気は落ちるばかりで、万一この状況で「停戦」にでもなったら、延期していた大統領選挙を実施しなければならない。そのようなことになったら、ザルジニーが大統領に当選するのはほぼ確実だ。

事実、2024年2月8日、ゼレンスキーはザルジニーの解任を決定し、後任のウクライナ軍総司令官には陸軍司令官だったオレクサンドル・シルスキーを任命した。一方、ウクライナの調査研究機関「キーウ国際社会学研究所」が2月15日に発表した世論調査結果によれば、ゼレンスキーを「信頼する」と答えた割合は64%で、ザルジニーを「信頼する」と答えた割合は94%だった。シルスキーなどに至っては35%が「知らない」と答え、「信頼する」と回答したのはわずか40%にとどまった。

もっとも、ウクライナ国営通信によると、ウクライナの最高議会は2月6日、3月に行われることになっていた大統領選を延期することを決定している。それでもなおゼレンスキーはザルジニーの存在が怖いのか、なんとウクライナ最強の軍人であるザルジニーを3月8日、駐英ウクライナ大使に任命して、国外へ追い出してしまったのである。

これがキム・ドットコムがポストした「ゼレンスキーは権力闘争に敗れた」の具体的な意味

と経過だ。

ポロシェンコはヌーランドがマイダン革命を起こして親露政権を転覆させ、強引につくり上げたアメリカの傀儡《かいらい》政権「ポロシェンコ政権」のときの大統領である。

ヌーランドは1月31日、表に出せる大統領府長官以外に、この「ザルジニー、ブダノフ、ポロシェンコ」の3人に会っていたのである。

中でも**「ブダノフに会っていた」**ということが重要だ。

ブダノフは、モスクワの教え子も言っていた通り、暗殺やテロを操るウクライナのトップ・リーダーだ。「殺し屋」とも呼ばれている。

ウクライナには「ウクライナ軍情報心理特殊作戦センター」というものがある。2016年1月5日にウクライナ特殊作戦部隊が設立され、その一部門に「ウクライナ軍情報心理特殊作戦センター」が設けられた。

2023年7月30日にゼレンスキーが特殊作戦部隊を表彰するときに、その存在をセンターの名を名指しして表彰した。英語で言うならばThe Centers for Information and Psychological Operationsとなり、略してCIPSO（ツィプソ）と呼ぶらしい。日本語で書いたほうが感覚的にわかりやすいので、この組織を「ツィプソ」と呼ぶことにすれば、「ツィプソ」はテレグラム・チャンネルを用いてネットでテロや暗殺をする者を募集し、日本円でわずかな報酬（1

00万円程度）で実行犯を募集する行為を、常習的にやっているらしい。

このたびも逮捕された犯人は、「テレグラム・チャンネルを通して応募し、50万ルーブル（約82万円）を爆破テロの報酬として与えることが約束され、前払いで半額の25万ルーブルをもらったので請け負った」と白状している。

この「ツィプソ」のやり方に酷似しているではないか――。

もしISISなら「金のために聖戦に従事することはない」し、聖戦に挑むときは死を覚悟しているので、自爆用ベストやベルトを着用して決死隊のように突き進む。しかも敵に逮捕されるのを恥ずべき掟《おきて》としているので、テロ行為遂行後には自爆する。しかし今般は必死で逃亡している上に金に釣られて犯行に及んでいるので、ISISの指示系統で動いたとは思えない。

ISISの犯行声明はアメリカとつるんでの行動で、ISISの陰にはいつもアメリカがいることは後述する。


いずれにせよヌーランドは、こういった背景を持つブダノフと打ち合わせ、今般のモスクワ・テロを画策したものと判断してまちがいないだろう。犯行の黒幕にいたのはヌーランドで、募集やその他の手配はブタノフらが行い、実行は金で雇われた今般の犯行者たちだった。

内容が長くなりすぎたので、犯人の逃走ルートや犯人の人間像などの詳細は本章の三で別途

図表4-7：駐露アメリカ大使館のテロ予告画面

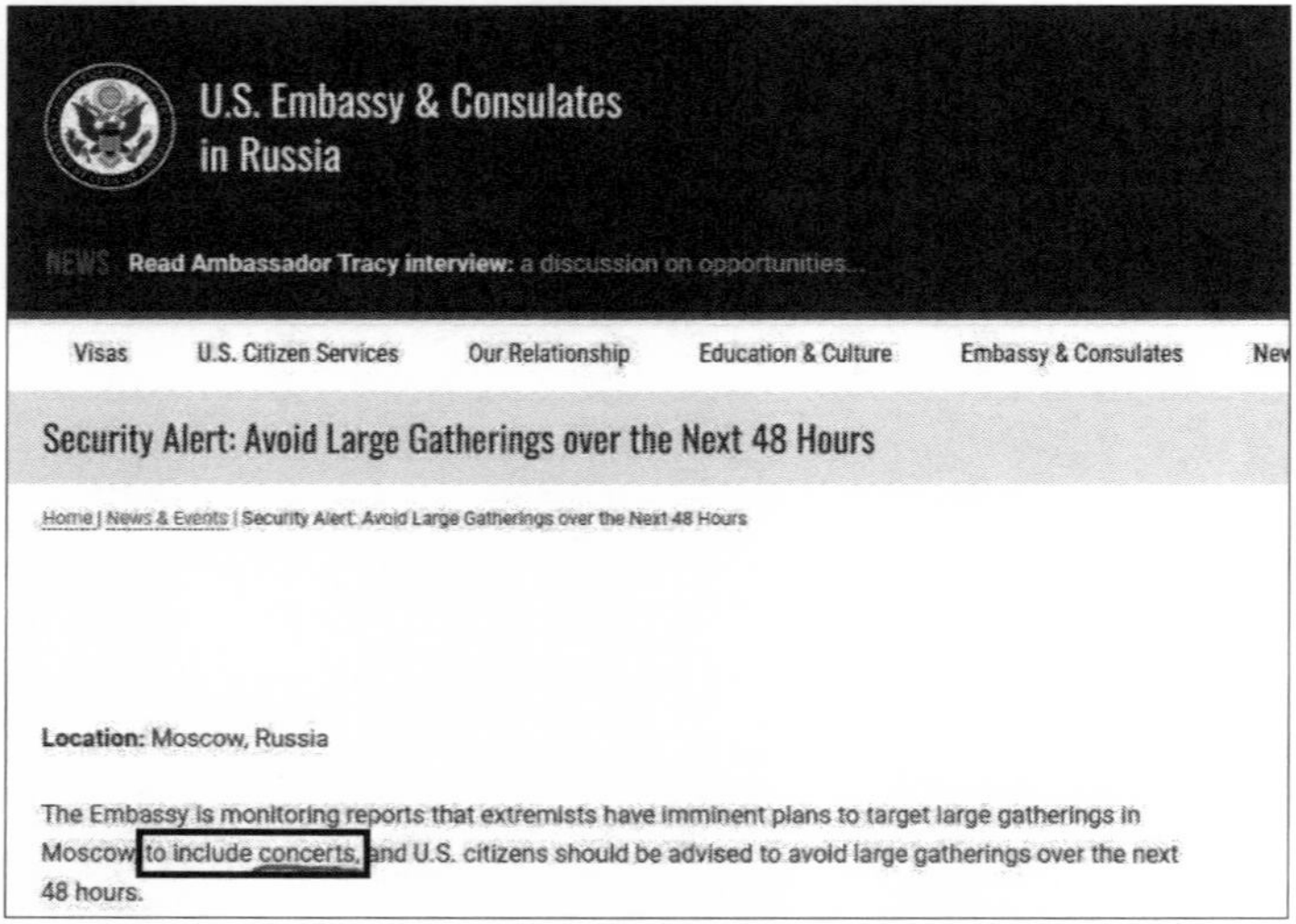

出典：駐露アメリカ大使館ウェブサイトの情報に筆者が手描きで囲みを入れた

述べることにして、中国の報道にも頻出し、モスクワに戻った昔の教え子も言っていた駐露アメリカ大使館のテロ予告の画像を図表4-7に示したい。

図表4-7に四角で囲んだ箇所に、**to include concerts**（コンサートを含む）と書いてあるが、これは「コンサートホールでもテロが起きる可能性があるので警戒しろ」という意味である。囲みは筆者が描きこんだ。

三　犯人たちの逃走ルートと自白から見えてきたもの

では次に新華網やモスクワに戻った昔の教え子などの情報に、その後の新たな情報を加えて、テロ実行犯の脱出ルートを作成してみたので、それを図表4-8に示す。犯行現場から拘束された場所までの所要時間は、Ｇｏｏｇｌｅマップでは混《こ》み具合によって「4時間30分」～「5時間10分」辺りを動いているが、犯行者たちは猛スピードで逃げたはずだから、3時間くらいのちに捕まったのだろうと想像される。

しかし、ここにきて非常にやっかいなことが起きた。

3月26日になってベラルーシのルカシェンコ大統領が、事件発生後のプーチンとのコミュニケーションの詳細を公開したとベラルーシの通信社ベルタが報じたのだ。タイトルは〈ルカシェンコは、クロッカスシティのテロリストを拘束したベラルーシの役割に光を当てる〉だ。

それによれば、「事件発生とともにプーチンがルカシェンコに連絡してきて、ロシアとベラルーシのあらゆる検問所を厳重に警戒しろと言った。そこでルカシェンコはすぐさま実行したので、犯人はベラルーシの方向に逃げられなくなった。だから拘束されたのだ」という「自慢話」だ。ところがルカシェンコは、その後に余計な一言を付け加えた。「だからこそ彼ら（逃

図表4-8：テロ犯人たちの逃走ルート

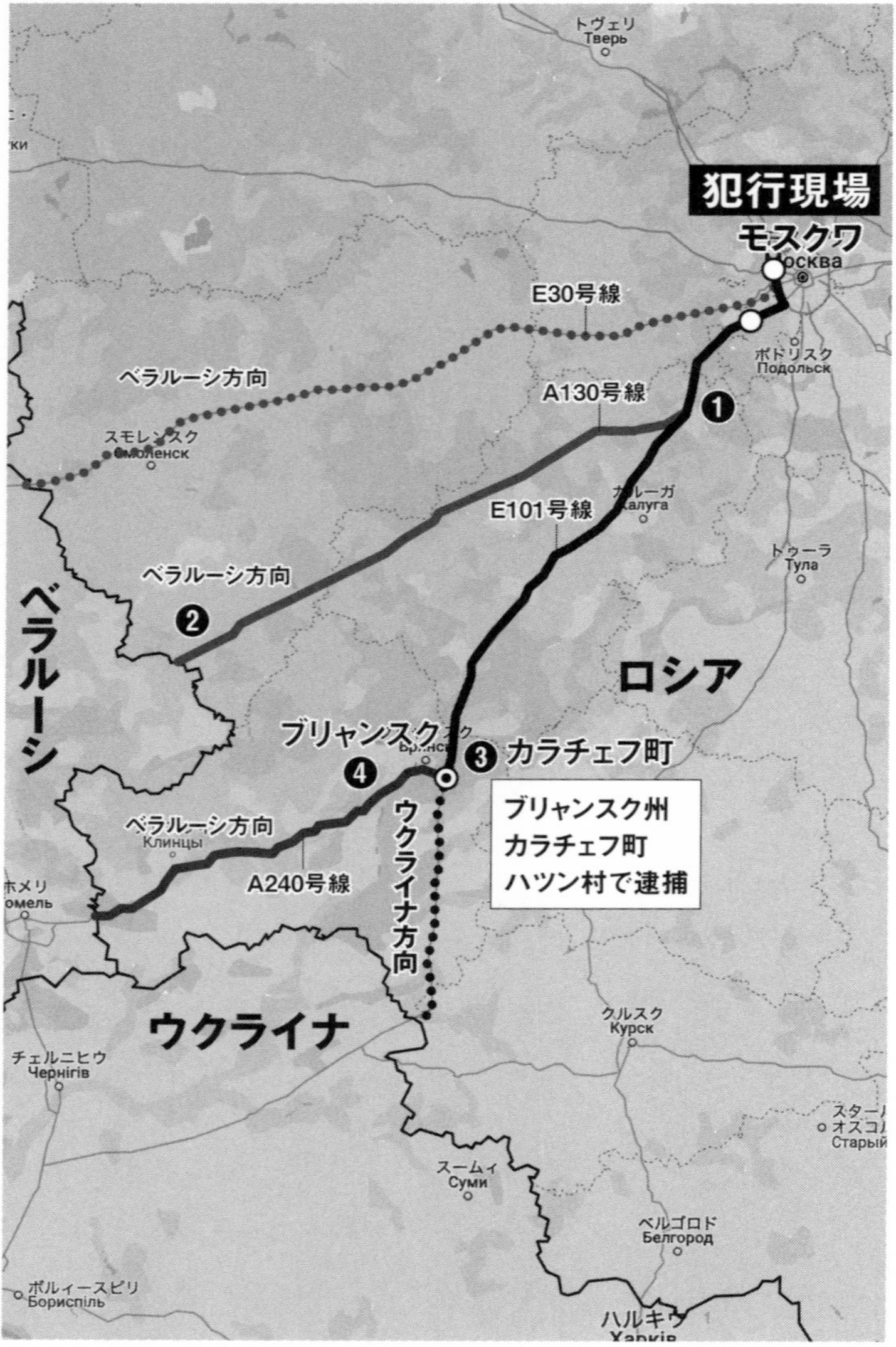

筆者作成　黒太線は犯人逃走したルート

図表4-9：ブリャンスク州に入ってからの逮捕地点の拡大図

筆者作成

亡犯）がベラルーシに入るチャンスはなかったのだ。彼らはそれに気づいた。それで彼らは引き返して、ウクライナとロシアの国境に向かった」と言ったのである。西側メディアはそれを歪曲《わいきょく》し、「したがってプーチンが言っていた、犯人たちはウクライナ目がけて逃亡し、ウクライナでは国境を開けて待っていたという説と矛盾するのでプーチンが嘘をついている」とルカシェンコ発言をプーチン批判に持っていくという「曲芸」を始めた。

そこで筆者としても真相を見極めるために、こういった事情をも含めて説明できる逃走マップを作成するしかなくなったのである。こうして作成したのが図表4-8だ。

図表4-9には、ロシアのブリャンスク州に入ったあとの詳細な拡大図を示した。

まず図表4-8からご説明しよう。

犯人たちは犯行後ただちにモスクワ郊外にあるクロッカスシティのコンサートホールの真ん前にある「ウクライナ行きの高速道路」に乗った。

モスクワに住む教え子は以下のように疑念を呈した。

——クロッカスの劇場はモスクワの片方の車線が5－6車線ある外環状線に面していて、ここは信号がなく有料ではないものの事実上の高速道路のようなものです。ベラルーシに行くのであれば、その幹線道路は、キエフ街道の手前にありますので、そこで右折しなければ、すでにその時点でもうベラルーシに向かうことはできません。ところが逃走犯たちは、そのベラルーシ行きの幹線道路方向に右折しなかった。右折せずにそこを通り過ぎてキエフ街道に乗ってしまったのですから、もう後戻りはできず、この時点でウクライナに向かったと断言することができます。その前にプーチンがルカシェンコに電話し、ベラルーシへの道の検問所を封鎖して、しかも封鎖した情報が逃亡犯に伝わるなどということが、どうしてあり得るのでしょうか？

「おまけに」と、教え子は続けた。

——テロの襲撃は19：55～20：13の18分間です。しかし20：33の時点では、まだ緊急対応特殊課《ソーブル》（SOBR）と特別任務民警支隊《オモン》（OMON）が現場に向かっている最中でした。理由は、「渋滞」のせいだとタス通信が伝えています。そもそもロシアは当時、犯人が「逃走した」という認識を持っておらず、対テロ部隊が到着した後もかなりの間、実は建物内で犯人の捜査をやっていたようです。首都の交通がもっとも混雑する金曜日の夕方だったため、対テロ部隊はできるだけ早く現場に到着しようとしましたが、それができなかった。そのため一部の部隊はヘリコプターで現場に駆けつけようとしたほどです。

監視カメラの記録によりますと、テロリストらは19時55分にクロッカス市庁舎前の駐車場に到着し、20時13分にサッサと犯行現場を立ち去っています。無念でならないのは、対テロ部隊は渋滞で到着が遅れただけでなく、犯人たちがまだ建物の中にいるものと誤解して、かなりの時間にわたって燃え盛る建物内での殺人犯の捜索に邁進していたということです。

この状態でプーチンがいきなりルカシェンコに国境封鎖の協力を仰いだりするわけがありません。

その通りだと思う。

図表4-8をご覧いただきたい。

もし最初はベラルーシを目指していたのなら、高速道路E30号線に乗らなければならない。しかし逃走犯はそうはしていない。最初からウクライナ行きの高速道路E101号線に乗っている。その次にベラルーシ方向に行ける分岐点は❶の場所にある。ここでA130号線に切り替えればベラルーシ方向に行ける。

しかし、ここでも逃走犯はA130号線を選ばなかった。そしてひたすら最初に乗ったE101号線をひた走りにウクライナに向けて走っている。それでも最後にベラルーシに向けて車を走らせる分岐点がある。

それが❸のマークの場所だ。

そこで図表4-9をご覧いただきたい。ここに「ベリエ・ベレガ」という街がある。この地点を進行方向から見て右折すれば、最後にベラルーシ方向に行ける道を選択できる。ここで右折して❹の方向に行き、A240号線を選べば、ベラルーシに行く最後のチャンスがある。そのチャンスを逃走犯は捨てたのだ。

そして逃亡犯らは「ロシアのブリャンスク州カラチェフ町」に向かった。もう残るは「ウクライナに行く」しかない。

モスクワにいる教え子は、この時点の情況を詳細に教えてくれた。

――先生、よくご覧になってください。ここにベリエ・ベレガという街がありますでしょ？　ここを右折しなかったことが決定的瞬間でした。逃走犯にはもうウクライナに向かう以外に選択はない。

実はスタート時点から逃走犯の車のナンバーも特定していたロシア警察は、ずーっと3時間も逃走犯たちを泳がせて、真後ろに警察の車でつけながら追跡していたようです。新しくわかった情報です。で、ベリエ・ベレガを右折しなかったのを見届けた瞬間、逮捕するために警察の車がスピードを上げ、逃走犯の車の前を塞《ふさ》ごうとしました。逃走犯はそれでも逃げ切ろうと、高速から逸《そ》れた一般道へと左折していますでしょ？　それがハツン村です。だから逃走軌道が少しだけ進行方向左側に折れていますでしょ？　しかし逃げ切れるものではない。ここで逃走犯は全員捕まったのです。

ロシアでは、この逃走ルートがしっかりテレビやスマホなどに示されていたので、しばらく釘付けになり仕事にならないほどでした（以上、モスクワの教え子からの便り）。

日本では、ＮＨＫまでが大学の教授に解説させる形で「プーチンが最初にテロ事件に関して国民に向けてスピーチするまでに長い時間がかかったが、これはウクライナ説を捏造《ねつぞう》して辻褄《つじつま》を合わせるために遅れたものと思われる」という趣旨の報道をしていた。

その報道をモスクワの教え子に伝えたところ、日本が大好きだった彼は現在の日本のジャーナリズムの劣化に驚き、「こんなんでは日本は世界から取り残されていくでしょうね……。それにしても、なぜジャーナリストのレベルがそこまで低下したのか、不思議でなりません」と嘆いていた。

日本ではNHKがそう言ったのだから、全員がその方向に傾いて分析してもミスにはならないとばかりにプーチンの捏造説がもてはやされるようになった。

しかし以上の事実と考察から、ルカシェンコは「自慢話」が好きな男なので、聡明な判断をする前に、うっかり矛盾に満ちたことを言ってしまったのだということが読者にはご理解いただけたのではないかと思う。

犯行から最初のスピーチをプーチンがするまでに19時間もかかったのは、**犯人を泳がせてから拘束したことと、犯人の口から「お金をもらって犯行に及んだ」という言葉を吐き出させるまでに一定の時間がかかったから**だろう。

真実を追求する喜びのほうが噂話を弄《もてあそ》ぶよりは爽《さわ》やかで知的冒険があると思うが、日本ではプーチンの自作自演説まで出てくるほどだから救いようがない。

最後に逮捕されたときの模様や犯人像に関して、中国新聞網が最新情報を万遍なくまとめているので、その概略をご紹介したい。

——現地時間3月24日、モスクワ市裁判所の報道部は、ロシアのクロッカスシティのコンサートホールへのテロ攻撃の容疑者であるミルゾエフらが完全に有罪を認めたと発表した。4人の容疑者に関して紹介する。

容疑者1：「首謀者」

タジキスタン出身の32歳のミルゾエフは、最初に明らかになった容疑者だった。彼はグループのリーダーとしてコンサートホールにいるロシア一般市民を射殺し建物に火を放ったと告白している。ロシア・トゥデイ紙によると、4児の父親であるミルゾエフは、ロシアで仮住まい登録をしていたが、現在は失効している。彼はロシアの移民法にくり返し違反し2011年以来、法執行機関の監視下に置かれていた。現在、ミルゾエフはロシアに住み、半ば合法的な方法で働き、ときにはロシアを離れていた。

彼はロシア語でいくつかの質問を理解することはできるが、母国語でしか答えられないとＲＩＡ《リア》ニュースが書いている。ミルゾエフの証言によると、彼は友人とロシアの小さなホテルで約1ヵ

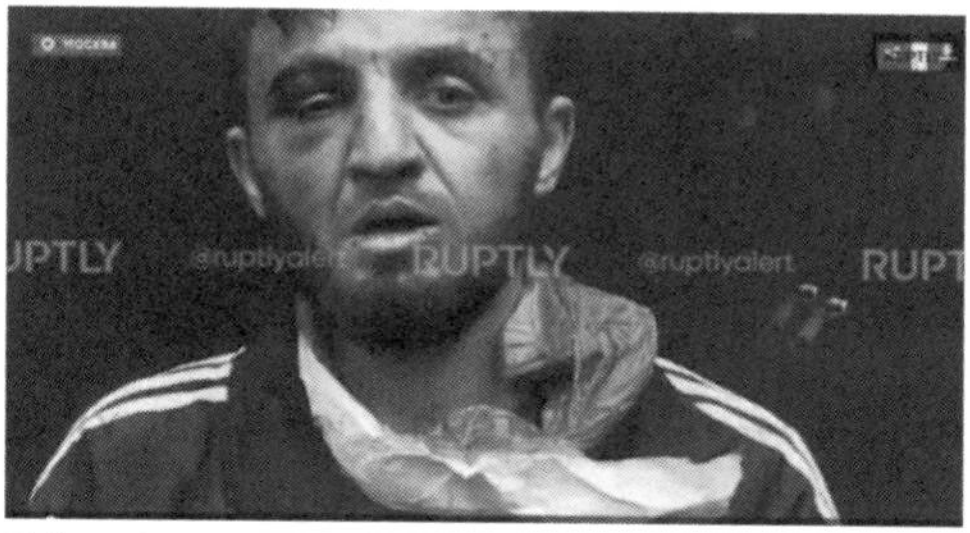

出典：ロシア・トゥデイ（RT）の動画のスクリーンショット

月間暮らした。**事件の約半月前、彼は「テレグラム」を通して「アブドゥロ」という名前の男性と知り合い、**車を購入するよう勧められ、購入した。その車でタクシー業務を営み、お金を稼ぐように勧められた。

容疑者2：「耳」

2人目の容疑者はラチャバリゾーダという名前で、ロシアメディアが公開した動画では右耳を負傷して包帯を巻いている。このため、インターネット上では「耳」と呼ばれている（筆者注：拘束されたあと、拷問中に耳を切断されたとも言われている）。ラチャバリゾーダはタジキスタン人で、通訳を介して尋問された。30歳で子供がいる。彼は中学を卒業しておらず正式な仕事もなく、一時滞在者として登録したと主張しているが、どこで登録したかは覚えてないという。

ロシア・トゥデイによると、ラチャバリゾーダは2018年にモスクワ州のポドリスクに住んでいた。今年、彼は

出典：ロシア・トゥデイ（RT）の動画のスクリーンショット

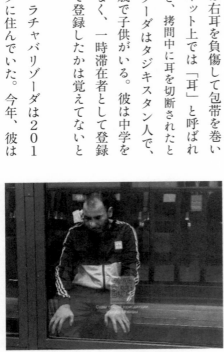

短期滞在期限の90日間以上ロシアに滞在したため、5000ルーブルの罰金を科された。ミルゾエフ同様、ラチャバリゾーダも自分が犯した罪を自白した。

容疑者3：「金のために殺害」

容疑者のファリドゥニは1998年9月17日生まれ（26歳）のタジキスタン人。ロシアのポドリスクの寄木細工工場で働き、生後8ヵ月の子供がいる。ロシアのメディアが公開したビデオでは、ファリドゥニは法執行官に制止されたときに震えていた。2024年3月4日にトルコからロシアに入国したと告白し、「トルコの在留期限が切れたので、国境を越えてロシアにやってきた」と供述した。

1ヵ月前、**テロを募集するリクルーターは「テレグラム」でファリドゥニに接触し、武器を提供した。** リクルーターはテロ攻撃が行われる正確な場所を彼に送り、「誰だろうとかまわない。目の前にいる者をすべて殺せ」と無差別殺人を命じた。

ファリドゥニは、「**私は金のためにコンサートホールで人**

出典：RIA「ノーボスチ」レポートのスクリーンショット

を銃撃した。金が欲しかっただけです。リクルーターは当時、約50万ルーブル（日本円で約82万円）の報酬を約束しました。その半分はすでに私の銀行カードに送金されており、残りの半分は取引の完了後に再び送金することを約束していました。しかし、逮捕されまいと逃走しているうちに、その銀行カードも紛失してしまいました」と語っている。

最初の尋問でファリドゥニは、「なぜリクルーターが自分を選んだのかわからない」と述べたという。「RIAノーボスチ」は、ファリドゥニが2月23日にトルコのイスタンブールで多数の写真をオンラインに投稿していたことを突き止めた。写真の中にはモスクワと思われる場所でファリドゥニが撮影した自撮り写真もある。

容疑4：「目」

出典：Arguments and Factsのウェブサイトのスクリーンショット

出典：ロシア・トゥデイ（RT）の動画のスクリーンショット

4人目の容疑者ファイゾフは、逮捕時に負った目の傷からインターネット上では「目（アイ）」と呼ばれていた。逮捕後、ファイゾフはブリャンスクの病院で手術を受け、車椅子で押されながら法廷に出廷した。

２００４年生まれのファイゾフは、中学だけは出ている19歳のタジキスタン人。犯罪歴はなく、現在は失業中だ。以前は、イヴァノヴォの理髪店で理髪師として働いていたことがある。しかし2ヵ月間働いた後、辞めて別の都市に引っ越した。テロ攻撃の後、理髪店は多くの脅迫と罵倒《ばとう》を受けたが、「私たちは彼と連絡を取り合っていませんでした。私たちは彼の人生について何も知りませんでした。私たちはこの人とは何の関係もありません。彼の頭の中で何が起こっているのかはまったくわかりません」と怯《おび》えて弁解した。

ロシア・トゥデイによると、ネット上で出回っているコンサートホール内でのテロ攻撃の動画は、ファイゾフが撮影したものだという。

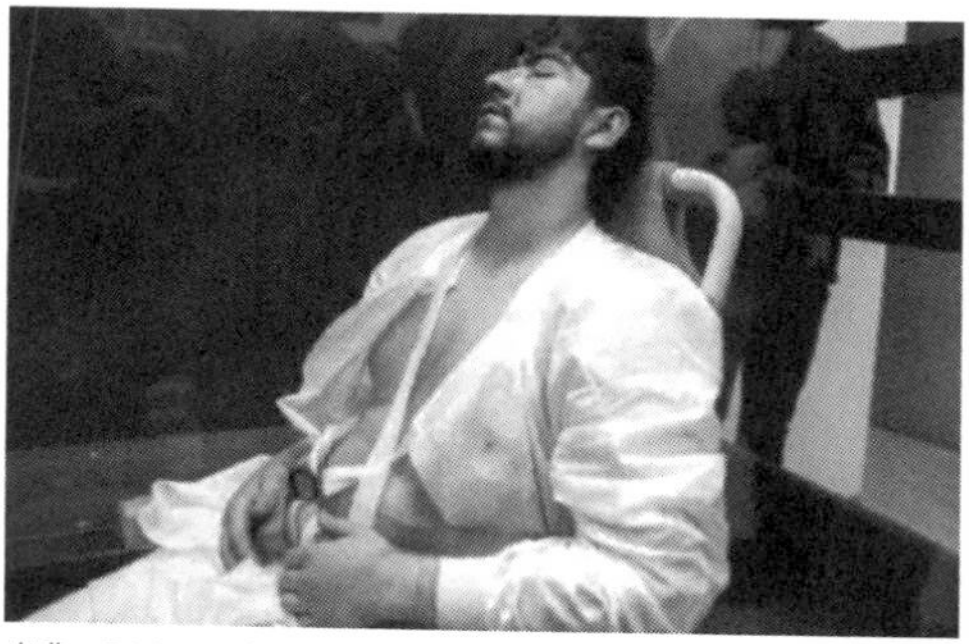
出典：TASSレポートのスクリーンショット

ロシアの軍事ジャーナリスト、ユーリ・コテノクは、「ロシアのウェブサイトArguments and Factsの報道によると、クロッカスシティのコンサートホールへの攻撃に関与したテロリストが3月7日に現場を訪れていた」と述べた。同氏によると、このニュースはクロッカスシティでアルバイトをしていたカメラマンが撮影した写真の中に容疑者がいたという。

同報道によると、テロリストは攻撃前にコンサートホールがある建物を訪れており、建物のレイアウト、警備の場所、避難経路に関心を持っていたとのこと。ロシアの「イズベスチヤ」は、ある情報筋の言葉を引用し、襲撃者は「伝統的な意味でのテロ組織ではなかった」とし、「この組織はテロ攻撃のわずか数週間前に設立されたと信じている」と述べた。

分析によると、クロッカスシティのコンサートホールでのテロ攻撃の容疑者2人はトルコへの旅行中に指示を受け、残りのテロリストはロシアで採用された。

捜査の予備情報によると、「テロ攻撃の犯人は2～4週間前まで互いを知らなかった。それ以前は、公共の場やソーシャルネットワークに過激派グループとのつながりの証拠も見られない。これにより、諜報機関が準備段階でテロ攻撃を阻止することがより困難になっている」とテロ対策セキュリティ分野の専門家は述べている。

おそらく裏で操っているプランナーは、無作為にテロ攻撃者を選んだのだろう。これらの人々はお金がなく貧乏で、プランナーの煽りに乗って過激化した。専門家は、「プランナーはロシアに物理的に存在する必要はなく、すべてをリモートで制御でき、さまざまな採用テクニックと心理的圧力に堪能なプランナーは、タクシー運転手や理髪師をテロリストに変えることができる」と述べている（中国新聞網からの引用はここまで）。

これはまさに本章の「二」で詳述したウクライナの「ツィプソ」（ウクライナ軍情報心理特殊作戦センター）のやり方そのもので、ISISのやり方ではない。

しかしアメリカは、事件が起きるとすぐさま「これはISISによるテロ行為だ」と断言した。なぜ現場にいないアメリカが、「ISISによるテロ行為だ」と即座に断言できるのか？

同時にISISも「自分たちが行ったテロだ」と宣言している。

しかしくり返すが、テロ実行者たちは皆ジハードの勇者のように自爆装置を装着してなかったし、それどころか必死になって逃げ延びようとし、勇者のような毅《き》然《ぜん》たる闘魂も見せてないし、ガタガタ震え、「金が欲しいからやった」と自白し、見知らぬ人からテレグラムで誘われたと言っている。

ウクライナの「ツィプソ」方式そのものだ。

そのトップにはブダノフがおり、ヌーランドはそのブダノフと会ったのちに「今年、プーチンは戦場で驚くことになるだろう」と宣言している。

これら一連の網の目のように絡んだ出来事は、実はもう一つの事実に焦点を結ぶ。

それは**「ISISはアメリカがつくり出した組織で、現在もアメリカが背後でコントロールしている組織だ」**という事実だ。

2016年1月、ドナルド・トランプは選挙演説において**「ヒラリー・クリントンはオバマとISISをつくった」**と明確に言っている。

これは2016年1月3日（日）午後2時23分（米国東部標準時）にアメリカのCNN（ミシシッピー州放送局）のトム・ロビアンコ記者とエリザベス・ランダース記者が大きく報道しているので、まちがいのないことだ。その記事には以下のように書いてある。

――トランプは、クリントンとオバマがISISの創立者だと発言した。土曜日、ドナルド・トランプは、バラク・オバマ大統領とヒラリー・クリントン元国務長官の政策が「ISISを生みだした」と述べた。

トランプは、ここミシシッピ・コースト・コロシアムで、イランとサウジアラビアの間の緊張の高まりは、イスラム共和国ISISが中東における長年のアメリカの同盟国を乗っ取りたがっている兆候だとも述べた。

「テヘランでは、連中がサウジ大使館を焼き払っている、見えるかい？」と、トランプは演説の冒頭で述べた。

トランプは中東の不安について語るとき、民主党とジョージ・W・ブッシュ元大統領の両方を非難し、特に2003年に第43代大統領がイラク侵攻を決定したことを引き合いに出した。ここ数週間、彼は民主党の大統領候補の最有力候補であるクリントンと、国務省を率いた彼女の実績を特に積極的に追及している。

トランプの2016年の競争相手の2人、カーリー・フィオリーナとリック・サントラムも昨年11月に、クリントンとオバマがISISの責任者だと言った。

ロシアや中国が、どんなに「ISISをつくり出したのはアメリカで、今もISISをコントロールしているのはアメリカCIAだ」と言っても、なかなか日本人は受け容れないだろうが、何と言ってもあのドナルド・トランプが言った言葉であれば、信じないわけにはいかないだろう。

いや、トランプはデタラメを言うからと、それでも主張する人がいるかもしれない。しかし、「ISISをつくり出したのはアメリカで、今もISISをコントロールしているのはアメリカCIAだ」という事実は、非米側陣営諸国では常識になっている。日本は米側陣営の代表的な国なので、そういった真実は語ってはならないことになっている。しかも「日本にだけ通じる中国論」に加えて、最近では「日本にだけ通じるロシア論」がもてはやされるようになった。

このたびのモスクワ郊外テロ事件でISISが積極的に犯行声明を出し、アメリカが間髪入れずに「その犯行声明の信憑性《しんぴょうせい》を確認した」と宣言したのも、常識的に考えれば不自然な話だ。犯行声明も犯行も、背後には莫大な金が動いていて、犯行者らはその金に釣《つ》られて忠実に動いたものと思われる。

これも2024年11月の米大統領選でトランプが勝てば明らかになるだろう。プーチンも習近平も、きっとトランプの当選を待っているにちがいない。トランプがどんなに高関税をかけてきても、ネオコンが主導する「第二のCIA」NEDによって国内の秩序と安全保障を乱されるよりはいいと思っているだろう。

ウクライナ戦争後、プーチンと習近平はさらに緊密になり、「経済的にはロシアを支えるが、軍事的には参戦しない」と誓った習近平は今、それを守っているがゆえに「嗤《わら》い」がとまらないのである。

第五章

ウクライナ戦争と「嗤う習近平」

ロシアのウクライナ侵略はもちろん肯定しないが、第四章で述べたような「暗黒の闘い」が進行している中、習近平は一人「にんまり」していた。対露制裁による最大の勝利者は習近平であると言っても過言ではない。なぜなら厳しい対露制裁が、中国にさまざまなメリットをもたらしているからだ。本章では、そのいくつかを列挙して考察する。

一　対露輸出の激増により、世界トップに躍り出た中国製の車

まずは中国製の車の生産台数の推移は、どうなっているのかを見てみよう。図表5-1に示したように2019年から2021年まではコロナがあったので落ち込んでいるが、2022年から2023年にかけて増えている。

ならば世界主要国の自動車生産台数の推移は、どうなっているだろうか。

国際自動車工業OICAのデータに基づいて、世界の自動車生産台数が多い国を上から6ヵ国だけ選び、その推移を2000年から2023年まで追って見た。それを表したのが図表5-2である。図表5-2を見れば歴然としている。

圧倒的に中国が世界トップになっている。

データをあえて2000年から取ったのは、中国がWTO（世界貿易機関）加盟を果たした

図表5-1：中国の自動車・EV生産台数推移（ただしEVの生産台数は内数）

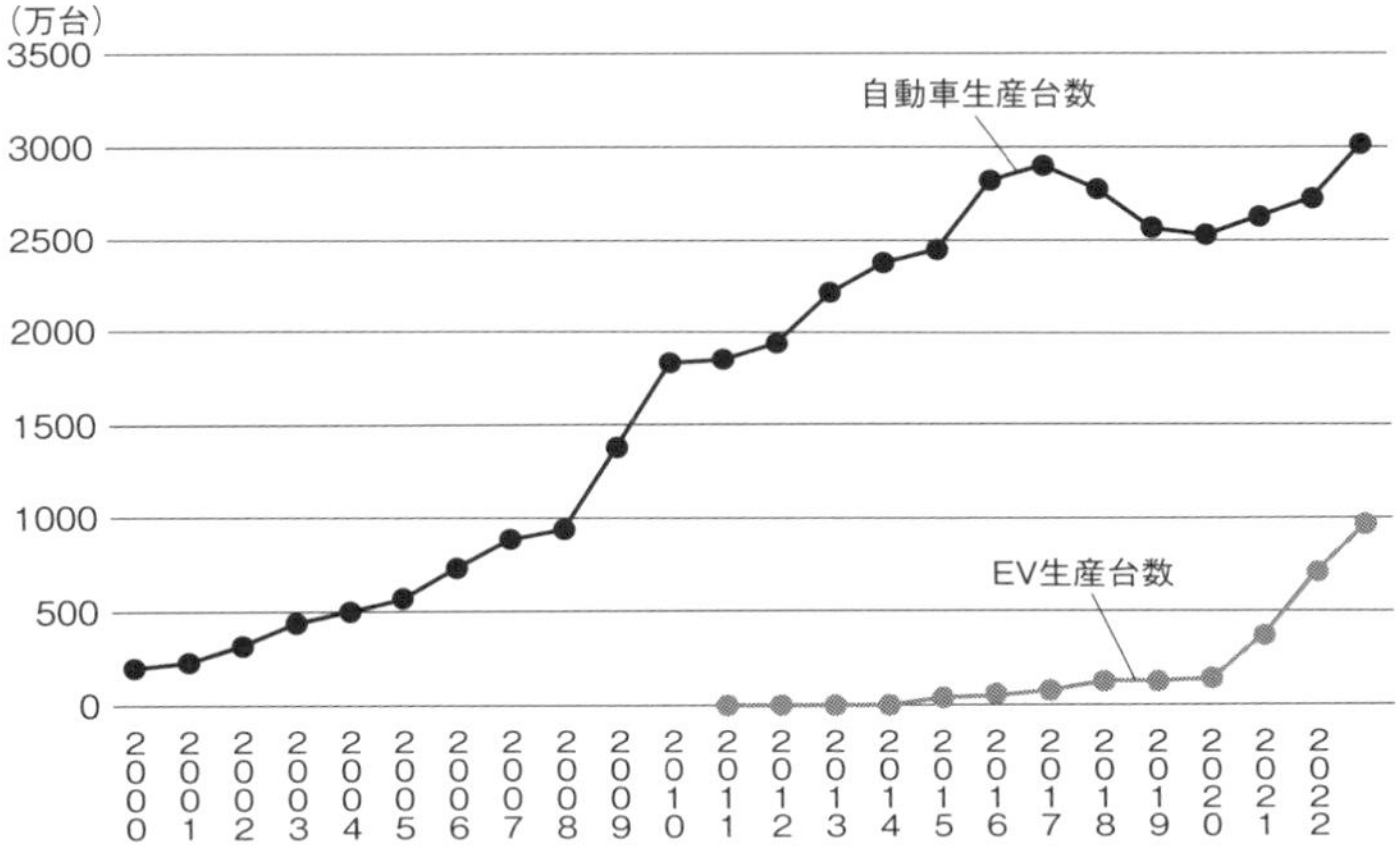

出典：国家統計局と歴年中国自動車協会

図表5-2：世界各国の自動車生産台数推移

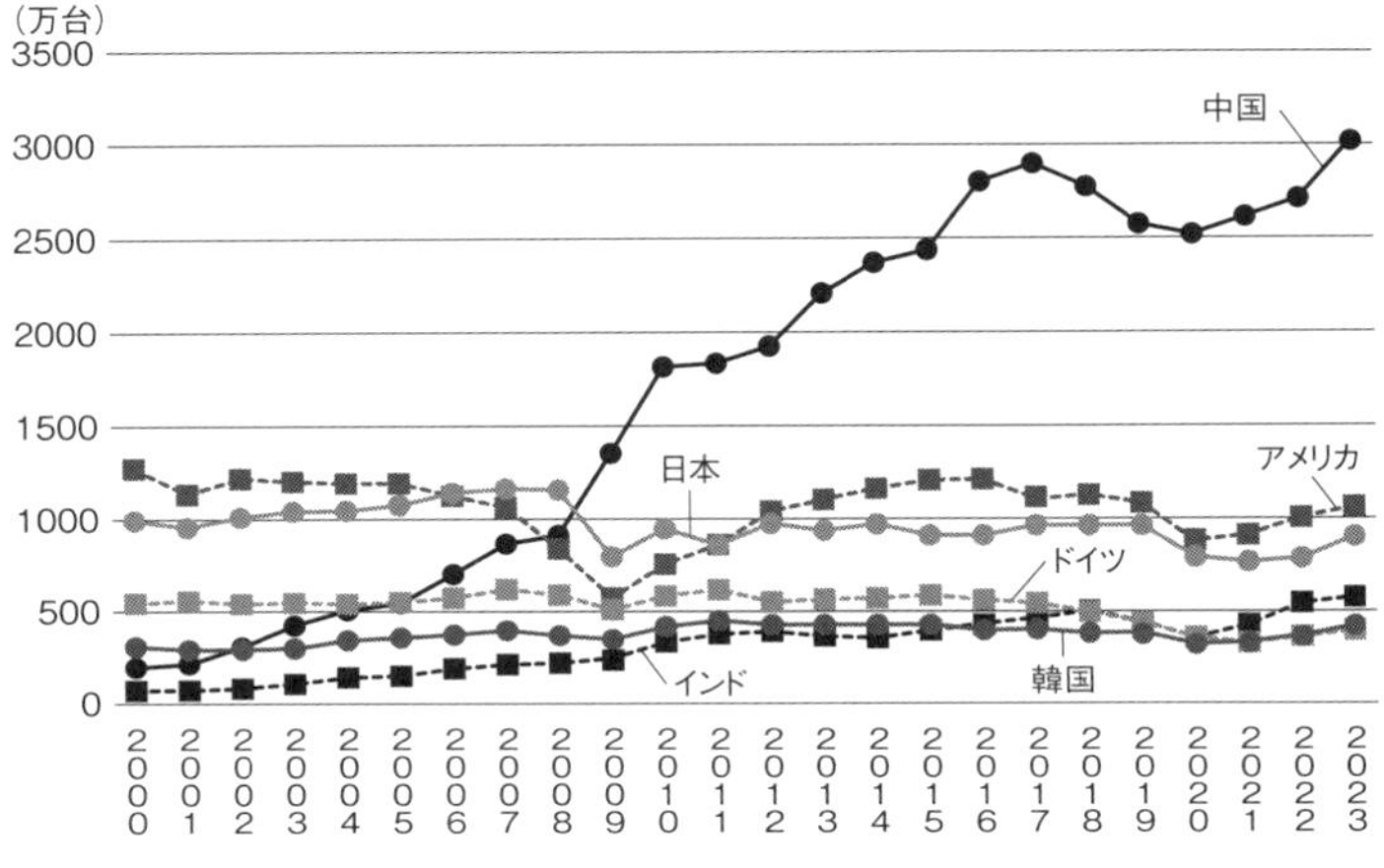

出典：国際自動車工業連合会OICA

のが2001年だからだ。それまでの中国の涙ぐましいばかりの「乗用車」生産に関する奮闘を、筆者はかつて一冊の本にまとめたことがある。

WTOに加盟すれば、それまで100%の関税をかけて阻止してきた外車が怒涛《どとう》のように入ってきて、中国の自動車産業は一瞬で壊滅するに決まっている。それを防ぐには中国国内で「乗用車」を生産できるようにならなければならない。ところが中国は1980年代初期頃まで、軍用トラックや大型バスのようなものしか生産しておらず、「乗用車」は毛沢東が乗る「紅旗」くらいしかなかった。

1980年代初期に「中国人民解放軍の200万人削減」を断行したために、路頭に迷った元軍人たちが自動車やバイクなどの製造に走り、中国には小さな自動車工場が乱立していた。これでは、とても国家としてWTO加盟に耐えられるような状況ではなかった。

しかし事態はWTO加盟に向けて加速しており、中国としては何としても一般国民が使える「乗用車」の開発を急がなければならない逼迫《ひっぱく》した状況にあった。そこで世界に向けて協力を求めたのである。もっとも協力してくれるだろうと期待した日本はそっぽを向き、トヨタなども東南アジアを向いていて拒否した。

このとき手を挙げてくれたのがドイツのフォルクスワーゲンだ。

「フォルクス」は「国民の」という意味であり「ワーゲン」は「車」という意味。社名からしても、まさに中国が渇望していた「国民が乗れる乗用車」の理想像そのものだった。

こうしてフォルクスワーゲンは「大衆」という名前で中国に定着し、凄まじい勢いで中国内を席巻していった。それに慌てたトヨタなどの日本大手勢が中国に腰を低くして協力を申し出たが、時すでに遅し。

この頃、筆者は長春市の市長や長春にある一汽自動車を取材して『中国の自動車産業がニッポンを追い抜く日』という本を出している。2004年のことだ。

すると、この本を読んだ中国問題研究者で経済学者の某教授が「遠藤先生ね、先生はたしかに留学生教育に関しては専門かもしれませんが、車のことになんか口出ししないほうがいいんじゃないんですか？　あのですね――、日本の自動車は世界一なんですよ！　その日本が、あのオンボロ中国に抜かれるって、そんなこと、天地がひっくり返っても起き得ません！　こんなバカバカしい妄想を文字にするなんて素人過ぎますよ！　私は保障します！　中国の自動車が日本を抜くなどという現象は、絶対に！　あり得ないんです！　わかりましたかあ？」と語尾を上げてせせら笑ったのである。

そのときは「そうですか。ご教示ありがとうございます」と控えたが、心の中では「あなたは、中国のことを何も知らない。中国の自動車産業は、車だけを見ていればわかるというものではない」とつぶやいていた。

しかし、それから4年もしないで中国の自動車生産台数は日本を抜いたではないか。

図表5-2の2008年から2009年にわたる期間の躍進ぶりを見ていただきたい。2009年に完全に日本を追い抜いただけでなく、2010年には第二次世界大戦後初めて中国のGDPまでが日本を追い抜き、その後は中国の自動車生産台数が世界一を走り続けている。それに対して、日本はひたすら下降線をたどるばかりで、あの「オンボロ中国」の足元にも及ばない状況が加速するばかりだ。

加えて、2022年2月24日にロシアが武力攻撃を始めて以来、アメリカを中心とした西側諸国からの対露制裁が激しくなり、ロシアは主として中国から車を輸入するようになった。その変化を中国の自動車主要輸出国を対象に絞ってグラフ化してみると、図表5-3のようになる。

図表5-2の2020年から2022年ごろまでは、どの国もコロナの影響で生産台数が一時的に減少してはいるものの、それなりに回復傾向にある。ただし回復の仕方が中国だけ際立っているのは、図表5-3にある「ロシアへの輸出」の急増にある。

すなわちウクライナ戦争がなかったら、中国はここまで自動車に関して突出した世界一にはなっていなかったかもしれないのだ。

習近平が「嗤《わら》わずして」なんとしよう。「嗤《わら》わずにはいられない」のが心情だろう。

おまけに習近平は最初からウクライナ戦争を始めたロシアに対して「経済的には支援するが、

図表5-3：中国自動車主要輸出国の輸出台数推移

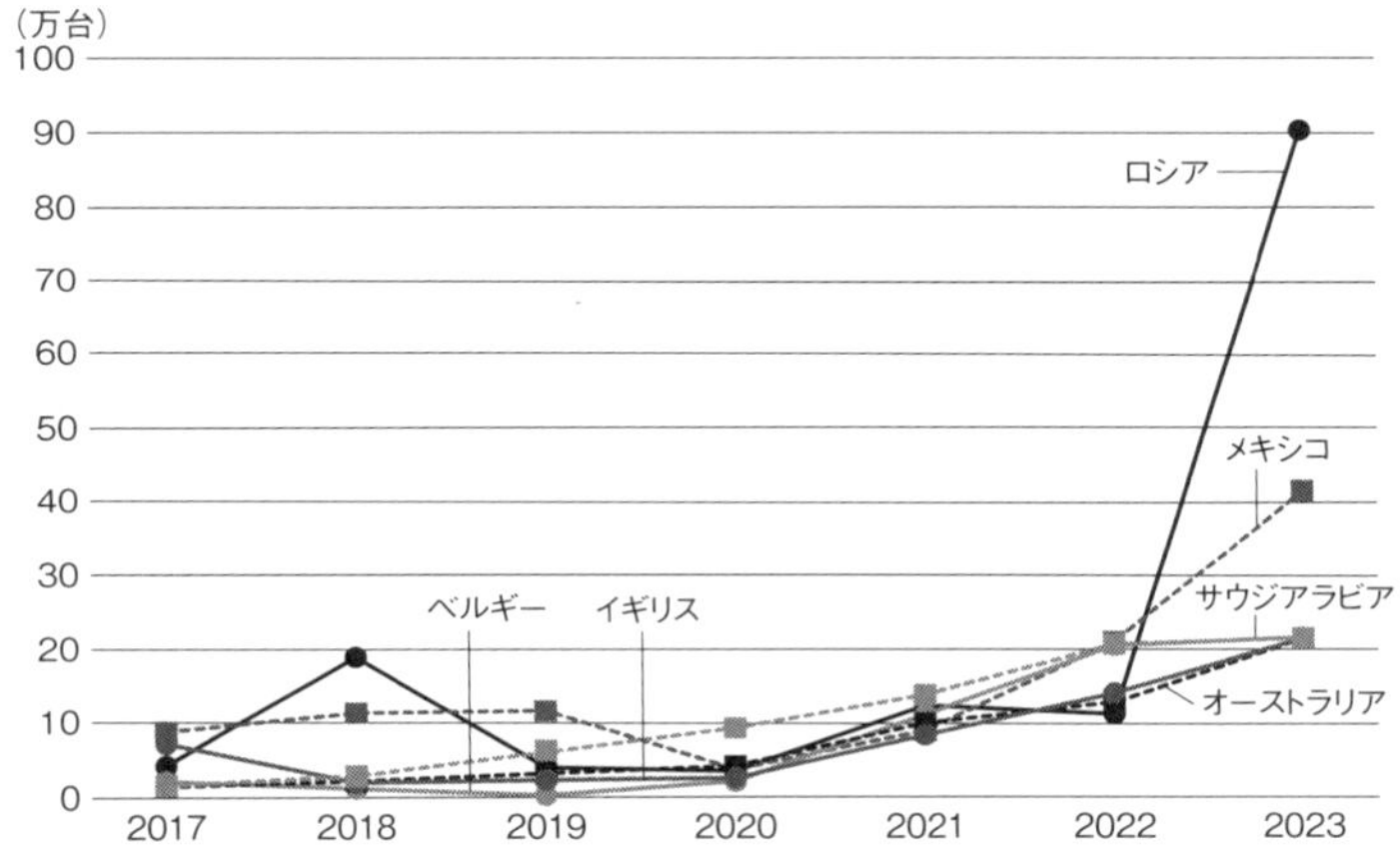

出典：乗用車市場情報連席会およびその秘書長の情報

軍事的には絶対に参戦しない」という立場を貫いている。筆者はそれを「軍冷経熱」という言葉で表し、拙著『ウクライナ戦争における中国の対ロシア戦略』で詳述した。

なお中国の自動車輸出総台数の推移は、図表5-4のようになっている。図表5-3と図表5-4を比べると、いかにウクライナ戦争が習近平に利益をもたらしているかが、さらに鮮明になってくるだろう。

ここで一つ注意しなければならないのは、図表5-1に明示したように「自動車生産台数」は「EVを含めた総数」のことで、実は対ロシアの自動車輸出台数の中にはEVは現時点ではほとんど含まれていない。2023年9月時点で、わずか1・2%だ。

ところが一方、中国国内ではガソリン車の需要

図表5-4：中国の自動車輸出総台数推移

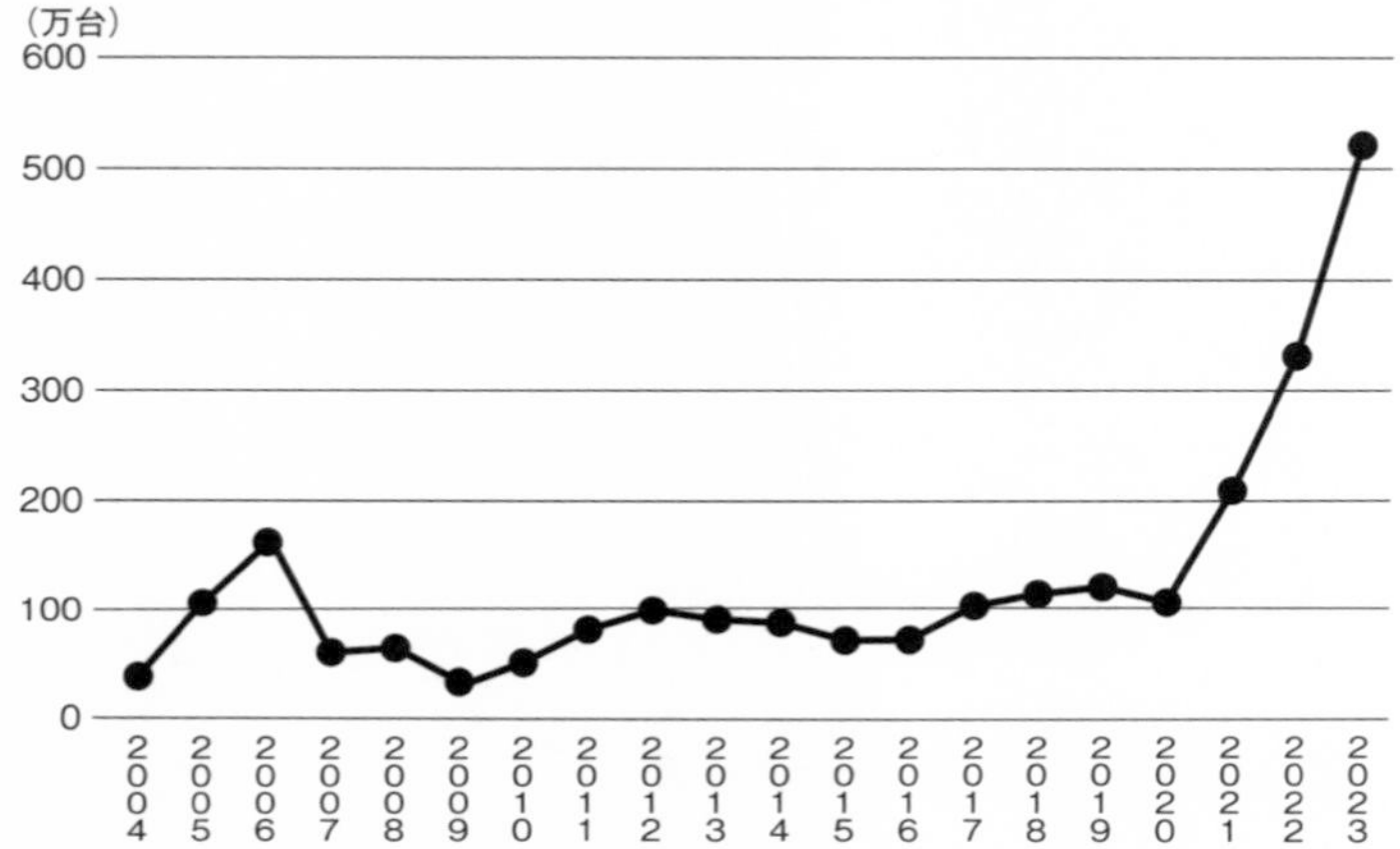

出典：国家統計局

は落ちていっているために、ガソリン車をロシアに大量に輸出して、そこで儲けたお金をEV開発に回すという奇妙なサイクルができ上がっている。

そこでちなみにEVに関する主要国の販売台数の推移を見てみると、図表5-5のようになる。これも圧倒的に中国が世界トップに躍り出ている。全世界の63・5%を中国が占めており、その他の地域合計の1・6倍になる。

なぜ2021年からEVが急増したかというと、一つには中国政府が2025年までに新エネルギー車の普及率を20%にするという目標を立て優遇措置を実施したからだ。もう一つには、初期段階で五菱宏光ミニEVとテスラモデルYという2つの「キラー」ニューモデルに起因していることが挙げられる。2020年9月と2020年12月に発売された2モデルは、2021年の中国のEV

図表5-5：中国と世界各地域EV販売台数推移

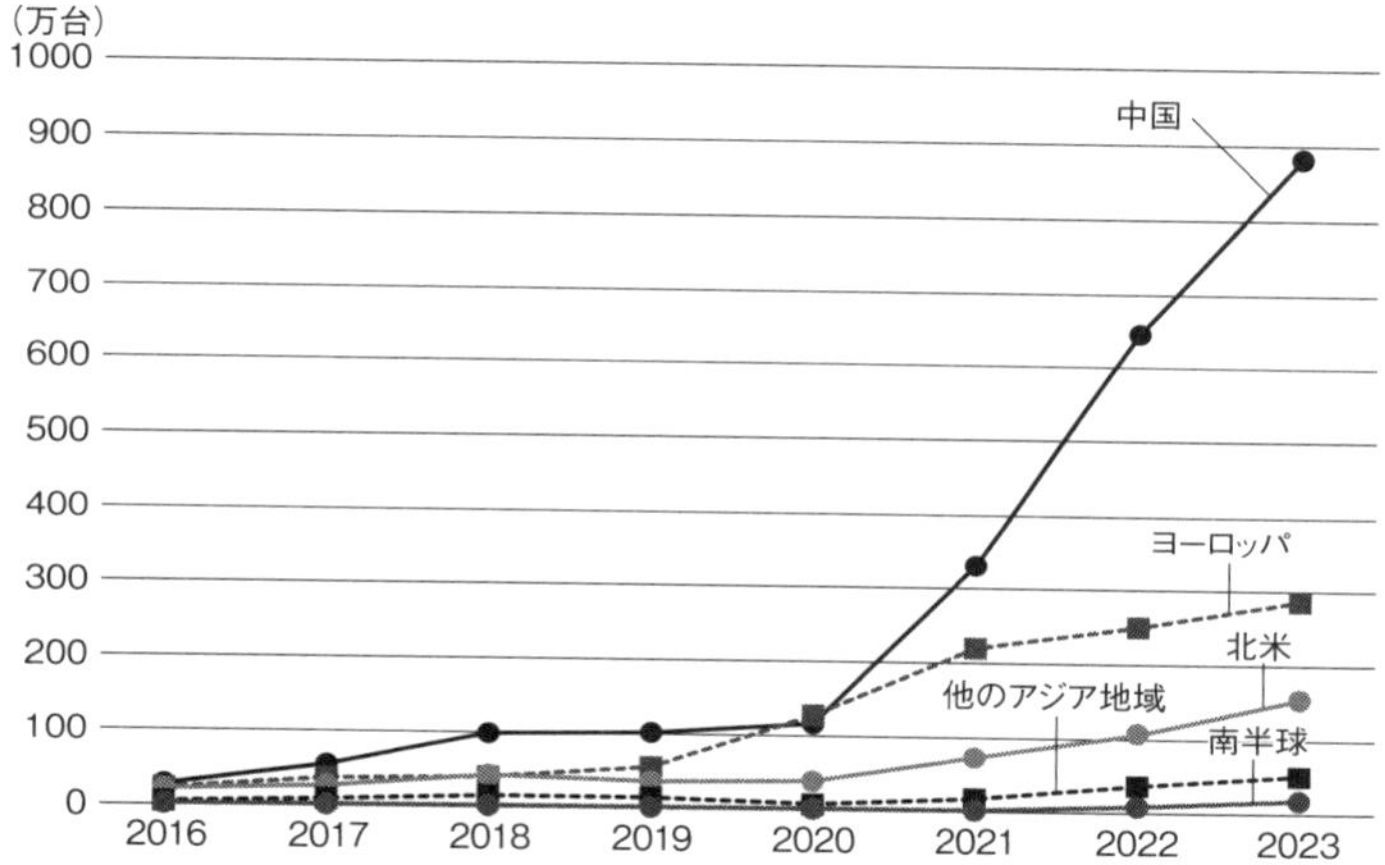

出典：乗用車市場情報連席会・崔東樹秘書長のWechat公衆号

販売台数の増加量のほぼ半分（43％）に貢献した。

この２つのモデルの成功は、低価格帯モデル（12万人民元＝約２４０万円以下）と高価格帯モデル（30万人民元＝約６００万円以上）に分けたことにある。この低価格帯と高価格帯モデルの二分化は、今も機能しており、五菱宏光はさらに安い超低価格で勝負し成功している。

２０１９年2月にテスラの上海工場が初のＥＶ生産を始めたことも、中国のＥＶが成長した理由の一つとして見逃せない。さらなる詳細な理由に関してはＥＶ走行を可能にするリチウムイオン電池とともに、第七章で考察する。

アメリカでは、トランプ復権なら「ＥＶに冬の時代がやって来る」と嘆いているようだ。「環境問題などフェイクだ」とさえ主張するトランプ政権が復活すれば、「石油」に再び注目が当たるようになるかもしれない。
では次に「石油」に関して習近平は、どのような得をしているのかを見てみよう。

二　石油などエネルギー資源の輸入で得をしている習近平

2024年1月20日に中国の税関総署が発布した国別データによれば、2023年に中国がロシアから輸入した原油は1億7000万トンで、前年比24％の増加となっている。ロシアは中国の最大の輸入元となっている。

ウクライナ戦争が始まる前は、2020年のコロナの時期などを除けば、基本的にサウジアラビア（以後サウジ）が中国の原油の最大輸入元であった。しかし2023年の中国のサウジからの原油輸入は前年比1・7％減の8595万9000トンとなり、サウジは最大の輸入元から第2位に転落した。2023年1月と4月を除き、ロシアは月間輸入量でサウジを上回っている。

ウクライナ戦争後、制裁対象となったロシア産原油は、サウジ原油価格を下回っただけでなく、中国の原油輸入の平均単価をも下回る割安価格で販売されている。2023年、中国がロシアから輸入する原油の単価は前年比16・6％減の566・64ドル／トン（約77・3米ドル／バ

図表5-6：中国主要原油輸入先の輸入量推移

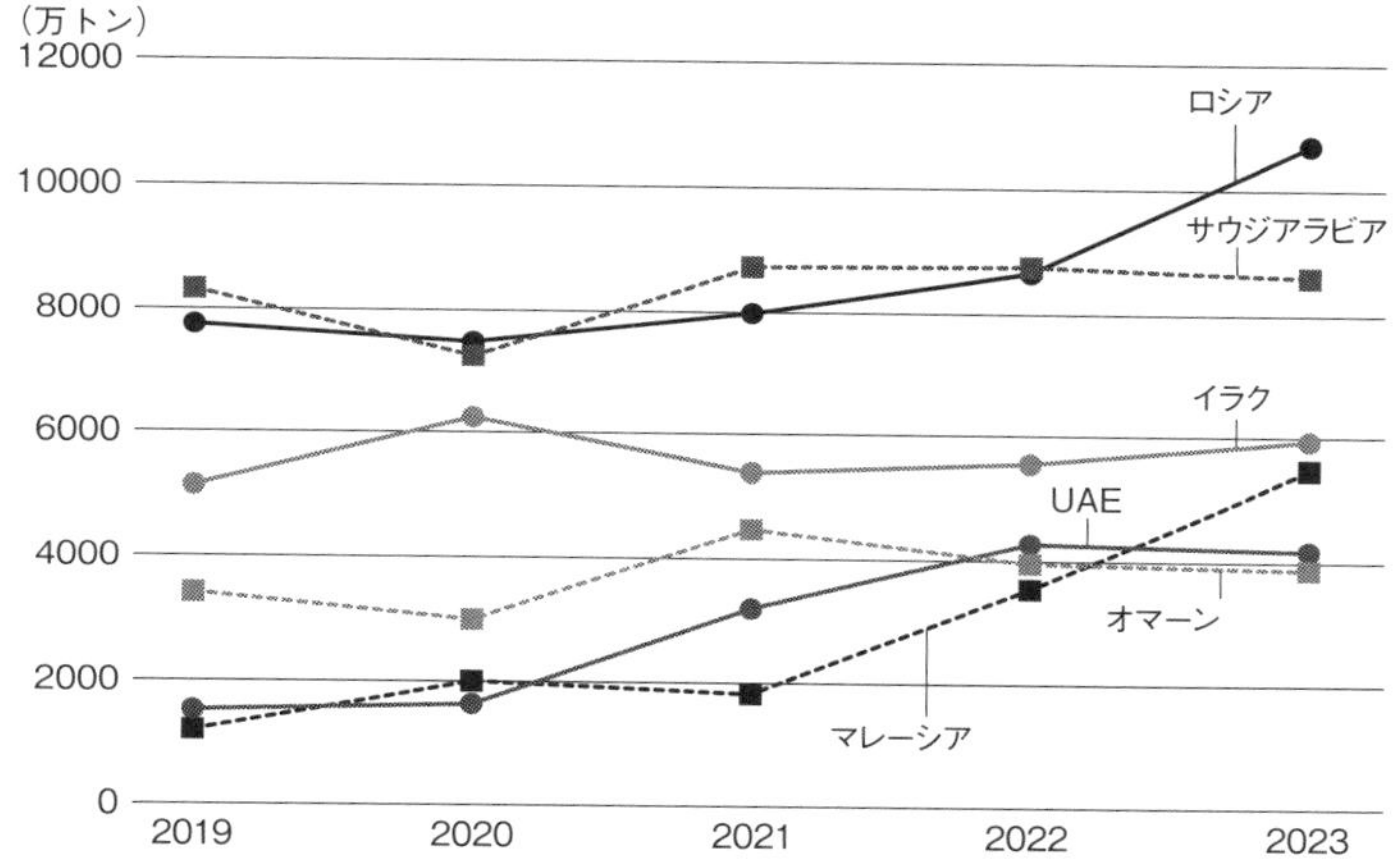

出典：税関総署のデータを基に筆者作成

レル）となっている。中国の輸入の平均単価は598・4米ドル／トン（約81・64米ドル／バレル）で、サウジの原油輸入単価は626・86米ドル／トン（約85・5米ドル／バレル）だった。

中国の主要原油輸入元の輸入量推移を見ると、図表5-6のようになっている。

ウクライナ戦争が始まった2022年以前では、ロシアとサウジの差はあまり大きくなく、サウジがやや多めだった。しかし2022年以降はロシアからの輸入が突然急増し、2024年末に統計を取ったときには、さらに大きく差をつけるようになっているだろう。

価格に関して2つの側面から考察してみた。

図表5-7に示したのは「中国がロシアおよびサウジから輸入した原油価格と、世界平均価格と

図表5-7：中国がロシア・サウジアラビアより輸入した原油の価格と世界平均価格の比較

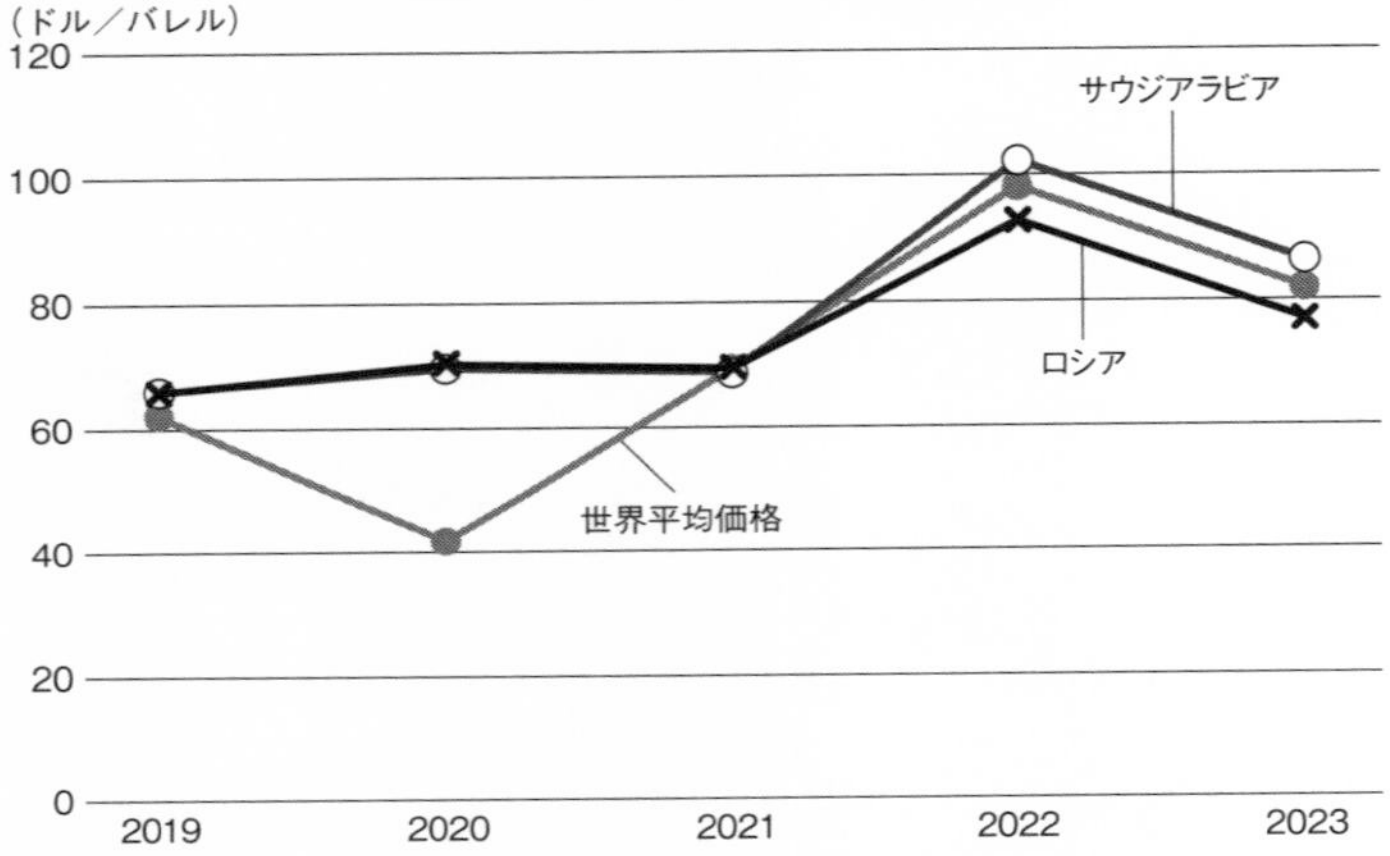

出典：中国の税関総署

の比較」だ。２０１９年～２０２１年は、ロシアとサウジの値はほぼ同じだが、対露制裁が始まった２０２２年以降、ロシアの価格が低くなっているのがわかる。

２０２０年、中国の輸入価格が世界平均価格より高いのは、コロナが原因だと考えていいだろう。世界中で生産が止まり、石油が売れないため交易センターでの価格が低くなっている。しかし中国はコロナの初期では感染拡大を食い止めることに成功していたので、中国だけが消費量に変化がなかった。購入価格はコロナ以前の契約価格のままだった。それでいながら輸送コストだけはコロナのせいで高騰していたことが原因だと思われる。

図表５-８に示したのは「中国がロシアやサウジから輸入した原油価格およびブレント原油

図表5−8：中国がロシア・サウジアラビアより輸入した原油とブレント原油の価格（世界平均価格との比較）

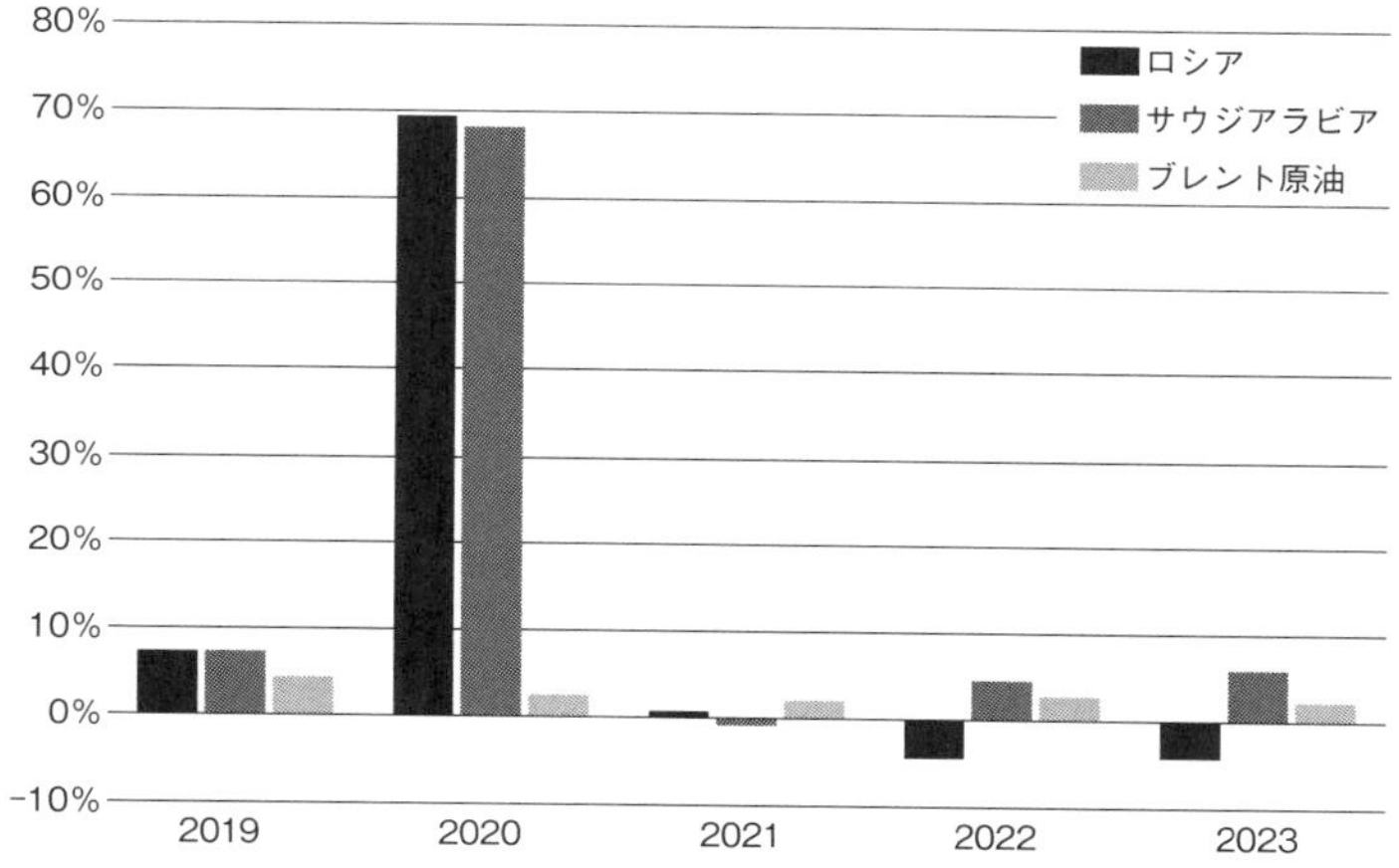

出典：中国税関総署と世界銀行

（欧州市場の原油交易センターで扱う原油）価格の世界平均価格との比較」である。なぜブレント価格と比較するかというと、欧州は対露制裁で自国への石油供給に「困っている」はずで、それに比べて中国はどれくらい「困っておらず」得をしているかを考察するためだ。

「０％」から上（プラスになっているの）は「高くついている」ことを表し、「０％」よりも下（マイナスになっているの）は、「安くなっている」ことを表す。

２０２２年以降、安くなっているのはロシアから輸入している石油で、欧州は高くなっているから、生活にマイナスの影響が出ていることになる。

つまり、習近平だけが「ニンマリ」していることを意味するのである。なお、２０２０年はコロナの影響なので無視する。

三　中国20年来の「東北大振興政策」が初めて実現できた

中国は2003年8月3日に、胡錦濤《こきんとう》政権時代の温家宝《おんかほう》国務院総理が吉林省長春市で「東北老工業を振興しよう」というハイレベル会議を開催した。拙著『習近平　父を破滅させた鄧小平への復讐』で詳細に描いたように中華人民共和国が誕生したころ、中国の東北地帯は最初の五ヵ年計画が始まった根拠地で重工業の中心だった。重工業は国を支える柱で、「鉄の重み」をもって全中国の経済を支えていた。最初の五ヵ年計画は旧ソ連の支援を受けていたので、東北三省（黒龍江省、遼寧省、吉林省）は誇り高くそびえる金字塔のような存在だった。

それが突然陰り始めたのは、改革開放が始まったからだ。

貿易や商務やイノベーションなど軽やかに舞う新経済は、東北一帯の重工業を必要としなくなり、東北一帯は一気に寂れていった。改革開放後は民間企業を認めることになったことと、東北一帯の巨大重工業がすべて国営であったことも影響した。「臨機応変」だが「軽佻浮薄《けいちょうふはく》」な南方と、「質実剛健」だが「不器用」な北方の気質の違いも大きく作用した。筆者が指導していた中国人留学生たちの間にさえ反目し合うムードが流れたほどで、上海人と東北人が喧嘩をすれば、必ず徒党を組んで互いを侮蔑し罵ったりしたものだ。

温家宝が開催した会議「東北老工業」の「老」は「古い」とか「昔の」という意味だが、もう「古く衰退した」という「すたれた」ニュアンスをもって、当時の人々はこの「老」の文字を「蔑視を込めて」受け止めていた。

そこで2003年から「東北大振興」という国家プロジェクトが始まったのだが、その後の進展と言ったら、目も当てられないような惨状になってしまったのである。

それを、なんと、プーチンが手を差し伸べて、いきなり、まさに「習近平の新時代の東北大振興」が実現し始めたのだ。

プーチンから見れば西側はほとんどすべてNATOに加盟してしまったようなものだから、無限に高い壁が築かれているが東側には大きなゆとりがある。北朝鮮もあるが、何よりも広大な中国の東北一帯があるではないか。今では内モンゴル自治区東部も、その範疇《はんちゅう》に入れている。

2023年3月20日から22日にかけて、習近平がモスクワを訪問してプーチンに会い、「2030年までの中露経済協力重点方向と発展計画の共同声明」と「新時代の全面的戦略協力パートナーシップを深化する共同声明」を発布した。広範囲にわたる非常に長文の内容で、そのときすでにロシア極東と中国東北における協力関係がうたわれている。

しかし、それがもっと具体的に焦点が中国の「東北」とロシアの「東方」に絞られたのは2

023年の9月のことだ。9月7日、習近平は黒龍江省ハルビン市で「新時代の東北全面振興を推進する」という座談会を開催し、新しい方法で東北一帯の活性化に全力を注ぐと表明した。

一方、同年9月11日〜13日にかけてプーチンがウラジオストクで開催した「東方経済フォーラム」で、「ロシアは遠東重点戦略に着手し、7・7兆ルーブル（約12・6兆円）を投資する」と宣言したのである。

この「東方経済フォーラム」はプーチンが2015年から始めたものだ。2014年にバイデンやヌーランドによるウクライナへの内政干渉により親露のヤヌコーヴィチ政権が転覆させられたため、プーチンはウクライナとの共存共栄を諦め、「遠東重点政策」に切り替えた。

あの当時、日本は安倍政権だったために、安倍元総理はプーチンの「夢」に呼応し、「2人は同じ夢を見ている」とさえ言ったほどだ。

プーチンがウクライナの親露政権転覆に激怒し、クリミア半島で選挙を行わせ圧倒的勝利を得たためにクリミア半島をロシアに併合した。ところが日本はバイデンやヌーランドが他国の政府を転覆させたことは完全に無視。特にNHKは「クリミア半島」という名称を出すときには必ず「ロシアが一方的に併合した」を枕言葉につけ「ロシアが一方的に併合したクリミア半島」というセットでしか「クリミア半島」という名称を口にしない。ここまで「第二のCIA」であるNEDのコントロールが染み込み、徹底しているのかと思うと恐ろしくなる。

こうして始まった「東方経済フォーラム」で昨年9月、プーチンは習近平の「新時代の東北全面振興」に呼応したのだ。ここで発表された「自由港」(5港)や「経済特区」(23区)に関する優遇政策はあまりに長いので省略する。ただ特記すべきは、2023年3月の中露首脳会談による共同声明を受けて、同年5月4日に中国税関総署が「6月1日からロシアのウラジオストク港を越境のための通過港として使用可能にする」と発表したことだ。

ウラジオストクというのは、もともと中国の領土だ。アヘン戦争で清王朝が弱体化した1858年に帝政ロシアとの間で瑷琿《あいぐん》条約が結ばれ、1860年には北京条約によって、当時の「外満州」を共同管理として帝政ロシアに割譲したという経緯がある。中国としては「怨《うら》みの屈辱の歴史」であり、ウクライナ戦争がその怨みを165年ぶりに晴らし、せめて自由な使用権だけでも「祖国の手に入れた」という画期的な出来事だった。

これは『ウクライナ戦争における中国の対ロシア戦略』(54頁~60頁)で書いた、クリミア半島合併後のプーチンに対し、習近平がプーチンに譲歩させた石油パイプライン「シベリアの力」交渉と同じ構図だ。中国の経済的支援がなかったら、ロシア経済はさすがに崩壊する。

それを知っている「紅い習近平」は血で染めることのない「白い牙」をキラリと光らせて、中国165年の恨みを「素知らぬ顔」をしながら晴らしているのである。

これ以降の中露国境の賑《にぎ》わいは尋常ではない。

ビザなし往来が再び可能になり、国境の街ではロシア人が中国特有の朝食である「豆腐脳（ドロリとした豆乳）」に舌鼓を打ち、南端の大連でさえ日本語学校が激減してロシア語学校が増えている。街には「ロシア語と中国語」の両方で標記されているバイリンガル看板が目立ち、黒龍江省の黒河は一夜にして国際的な朝市に変貌した。

中露の二国間貿易額も激増し、遼寧省の輸出は41％増、輸入は102・5％増となり、黒龍江省の対露輸出は83％増加した。吉林省の対露貿易額も前年同期比76％増加している。

四　中央アジアでもチャッカリ

中国の外交部は2024年1月25日に「新時代における全方位包括的戦略パートナーシップに関する中華人民共和国とウズベキスタン共和国の共同声明」を発布し、その中で以下のことを強調している。

●双方は、中国・キルギス・ウズベキスタン鉄道プロジェクトが、中国とウズベキスタンおよび地域の連結性を強化する上で歴史的及び戦略的に重要であると確信する。

●双方は中国・中央アジア交通回廊の建設を加速し、「中国・中央アジア」コンテナ列車の運行を促進し、中国・キルギス・ウズベキスタン高速道路の円滑な運行を確保し、貨物量を増やすための実際的な措置を講じる用意がある。

●双方は中央アジアと南アジア間の輸送および経済連結性を促進し、地域間の一次産品の流れ及び経済交流を拡大するための新たな展望を開くアフガニスタン横断鉄道プロジェクトの重要性を強調した（共同声明からの引用はここまで）。

一方、２０２４年2月26日、カザフスタンの政府系ファンドSamruk-Kazyna《カムハク・カジナ》は、中国の「中国中車」（CRRCコーポレーション）と協力協定を締結した。「中国中車」は中国の中央国有企業で、世界最大の鉄道車両メーカーである。この文書には、Samruk-Kazynaの取締役会長とCRRCの会長が署名した。カザフスタンは、先進技術を用いて機関車生産の現地化と機器修理サービスセンターの設立に関心を持っていることが指摘された。中国側のCRRCは、カザフスタンを通じてユーラシア経済連合（EAEU）および欧州市場に参入することができる。

この2つから何が言えるかというと、中国はロシアとの間で長年交渉が滞っていた**中央アジア鉄道のレール幅を中国基準に揃え**、ヨーロッパへの「一帯一路」へと直結できることを意味するのである。習近平の勝利だ。

もう一つ勝利したことがある。実は中央アジア諸国の中のトルクメニスタンとは、もう10年以上前から天然ガスのパイプライン建設に入っているが、４本のパイプラインのうち4番目の

Dラインに関して遅々として工事が進んでいなかった。原因は価格交渉がまとまらなかったからだ。ところが、2023年5月19日に初めての中国・中央アジアサミットが西安で開催され、習近平がDラインの早期完成に期待すると表明すると、なんとトルクメニスタン側が譲歩したのだ。背景にはウクライナ戦争を受けて中露間のパイプライン「シベリアの力2」に中露が力を注いでいることがある。プーチンは立場上、安値で引き受けているのに「あなたたち中央アジアはそれでいいのですか?」という価格競争が水面下であったわけだ。まさにチャッカリ、ウクライナ戦争によるロシアの弱みを使って中央アジアをも「陥落させた」形ではないか。

あとは欧州諸国がウクライナ戦争で疲弊消耗《ひへいしょうもう》し、ウクライナへの支援を諦めて、自国の経済発展を重視する方向に動いてくれるのを待てばいい。習近平は「牙を血で染めることなく」、ただじっと「白い牙」を潜ませて待っていれば良いだけのことなのである。

五　対露金融制裁が人民元を強くした
――クロスボーダー決済で人民元48%、ドル47%に!

2022年3月11日、アメリカのジャネット・イエレン財務長官は、たとえ対露金融制裁をしてもドルの地位は揺らがないと言っていた。

3月12日のブルームバーグは、デンバーで講演したイエレンが記者団からの質問に答え、「ドルが深刻な競争にさらされているとは思わないし、長期にわたってそうなる公算は小さいだろう」と述べ、「ウクライナに侵攻したロシアへの制裁措置の結果としてドルが世界の基軸通貨としての地位を失う危険性はない」との認識を自信たっぷりに示したと報道した。

それに対してクレディ・スイス・グループの短期金利戦略グローバル責任者（当時）ゾルタン・ポジャールらは、「外貨準備へのアクセスを阻止する対露制裁がドル離れを引き起こすリスクを指摘していた」とのこと。

イエレンはそれでもなお抵抗し「ドルが準備通貨たるゆえんを考えれば、それは米国の資本市場が地球上でもっとも深みがあり、もっとも流動性が高いという点にある」と記者の質問に反論。「アメリカ財務省の証券は安全かつ確実で非常に流動性が高い。アメリカには十分機能している経済・金融システムと法の支配がある。準備通貨としてドルと本当に競える通貨はほかにない」と付け加えた。

ところが、そのイエレンが2023年4月18日には一転して、「対露金融制裁がドル離れの一因となり得ること」を認めたのである。彼女は「制裁によって中国、ロシア、イランの側に（為替市場における）代替策を見つけたいという欲求が生じている」と表明している。

事実、ロシアをはじめ中国、インド、ブラジルや中東などは、世界経済の脱ドル化を提唱し

図表5-9：中国のクロスボーダー決済における人民元とドルの割合の推移

出典：ブルームバーグ（日本語訳は筆者）

ているだけでなく、貿易での自国通貨利用を増やす方向に急転換している。

特に全世界で、中国を最大貿易国とする国は２０１８年時点で１２８ヵ国ある。中国との二国間貿易でお互いに自国通貨での決済（クロスボーダー決済）をしたとすれば、人民元がそれだけ世界に出回ることになる。

イエレンのこの発言を受けてブルームバーグは同年4月26日に、

人民元がドルを追い抜き、中国でもっとも利用されているクロスボーダー通貨となる

という見出しで図表5-9を発表し、世界をアッと驚かせた。

中国のクロスボーダー決済に占める人民元の割合は、２０１０年には「ほぼゼロ」ですべて「米ドル頼り」だったのに対して、２０２３年3月末には過去最高の48％に上昇した。一方ドルのシェアは同期間に83％から47％にまで下落している。

イエレンの恨み節が聞こえてきそうだ。

ただ、そうは言っても、ＳＷＩＦＴ（スイフト＝国際銀行間通信協会）が統計をとっている「世界の投資や貿易にともなう資金決済の通貨」としては、人民元の割合は遠くドルには及ばない。

それでも２０２４年3月のデータによれば、

一位：米ドル……47・37％／二位：ユーロ……21・93％／三位：英ポンド…６・57％／四位：人民元……４・69％／五位：日本円……４・13％

と、人民元が日本円を抜いたのである。２０２３年11月以来、人民元の割合はこれまでで最高を更新し日本を抜いている。この推移を日本円と人民元を比較したデータで示すと、図表5-10のようになる。

日本円が上下しながら推移しているのに対して、人民元は明らかに右肩上がりになっている。しかもウクライナ戦争後に急激に上がり始めたのを見ると、明らかに今後はこの勢いで成長していくことが窺《うかが》われ、日本が中国に抜かれた事実は大きい。

もっとも「貨幣」は「信用」によって成立する。中国という言論弾圧をする国を、西側諸国

図表5-10：国際決済取引における人民元と日本円シェアの推移

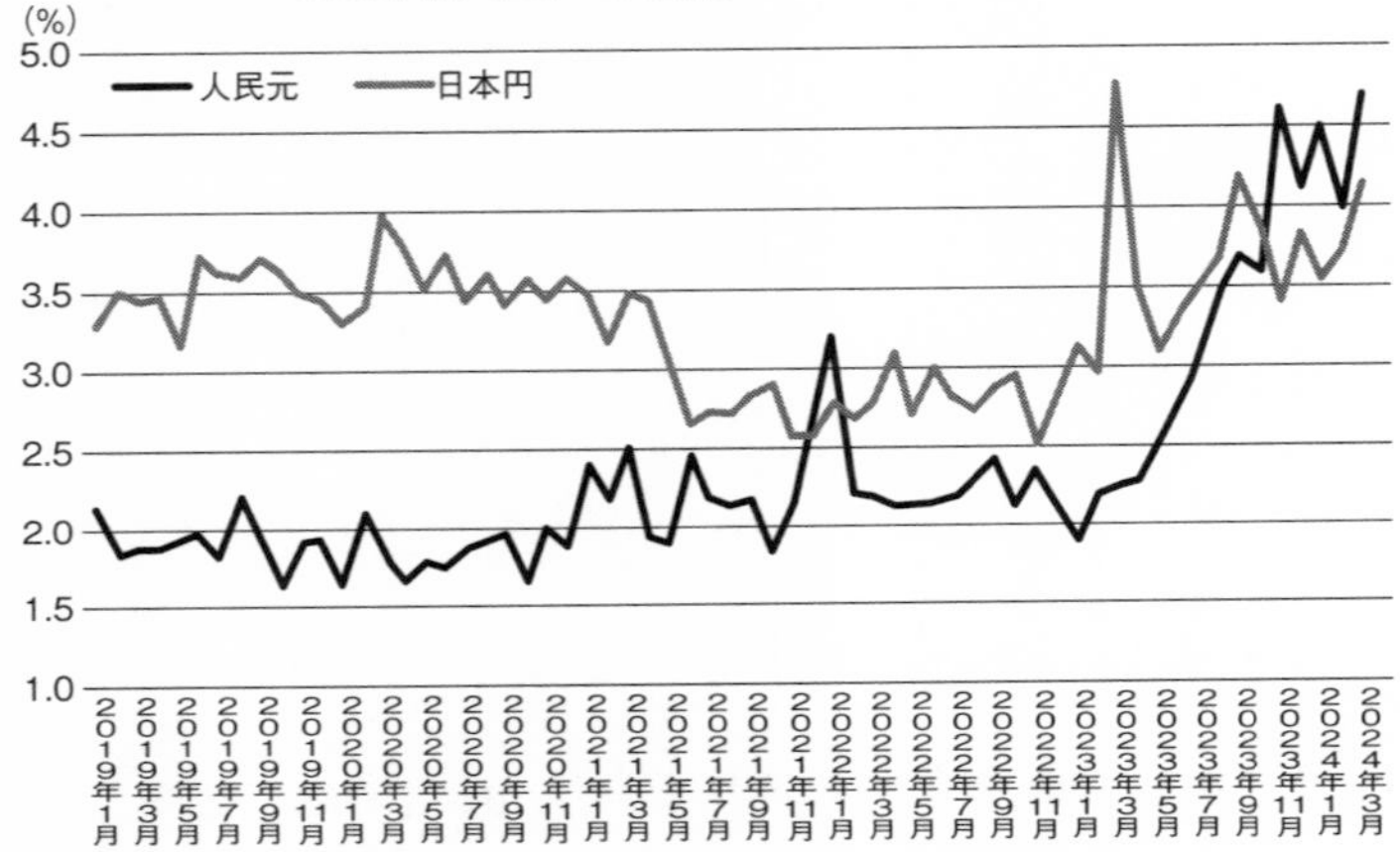

出典：Swift RMB Tracker

が信用することはないだろうから、その限りにおいては人民元のシェアが少しくらい上昇したからといって、国際基軸通貨に影響を与えるとは考えにくい。

ただしアメリカの号令に従って対露制裁をしている国を「米側陣営」とし、制裁していない国を「非米側陣営」とすれば、「非米側陣営」の国の人口は全人類の85%を占めている。したがって「米側陣営」を除けば、「非ドル経済圏」が広がっていることは確かだ。

2024年4月23日、米議会は棚上げになっていたウクライナ・イスラエル・台湾支援やTikTok規制などを盛り込んだ米緊急予算法案を可決した。それでもいずれは来るウクライナ戦争停戦が、ウクライナに有利な形で終わるとは考えにくい。ロシアの実質的な勝利に近い形となれば、それは「習近平の勝利」にもつながっていくことになるかもしれない。

そうなると、何が起きるだろうか？　中露がほぼ一体化した形で進んでいる経済融合体が圧倒的に強くなり、まるで草木《くさき》もなびくような勢いで、中国に引き寄せられていく現象が起きるかもしれない。そこでいくつかの国の最近の情況を少しだけ見てみよう。

ロシアの場合――。

２０２３年年11月23日、ロシアのアンドレイ・ベロウソフ第一副首相が、**「中露貿易の95％は、人民元とルーブルを使って取引されている」**と述べたとロシア・トゥデイが報道した。

報道によれば、西側諸国が科した規制を背景に、モスクワと北京はリスクを最小限に抑えるためにドルとユーロを自国通貨に置き換え始めたと専門家は説明したとのこと。同時に政府の推計によると、中露間の貿易額は今年初めて２０００億ドルを超え、２０３０年には３０００億ドルに増加すると予想されているという。ロシアは主にエネルギーと農産物を中国に供給し、中国からは自動車、機械、電子機器などを購入していると指摘している。

ロシア経済がこれだけ西側諸国による制裁を受けても強いのは、何と言っても「エネルギーと農産物、特に穀物が豊かだから」だ。

図表5-11に示すのは「中露貿易における自国通貨の比率」の推移だ。

図表5-11：中露貿易における自国通貨の比率

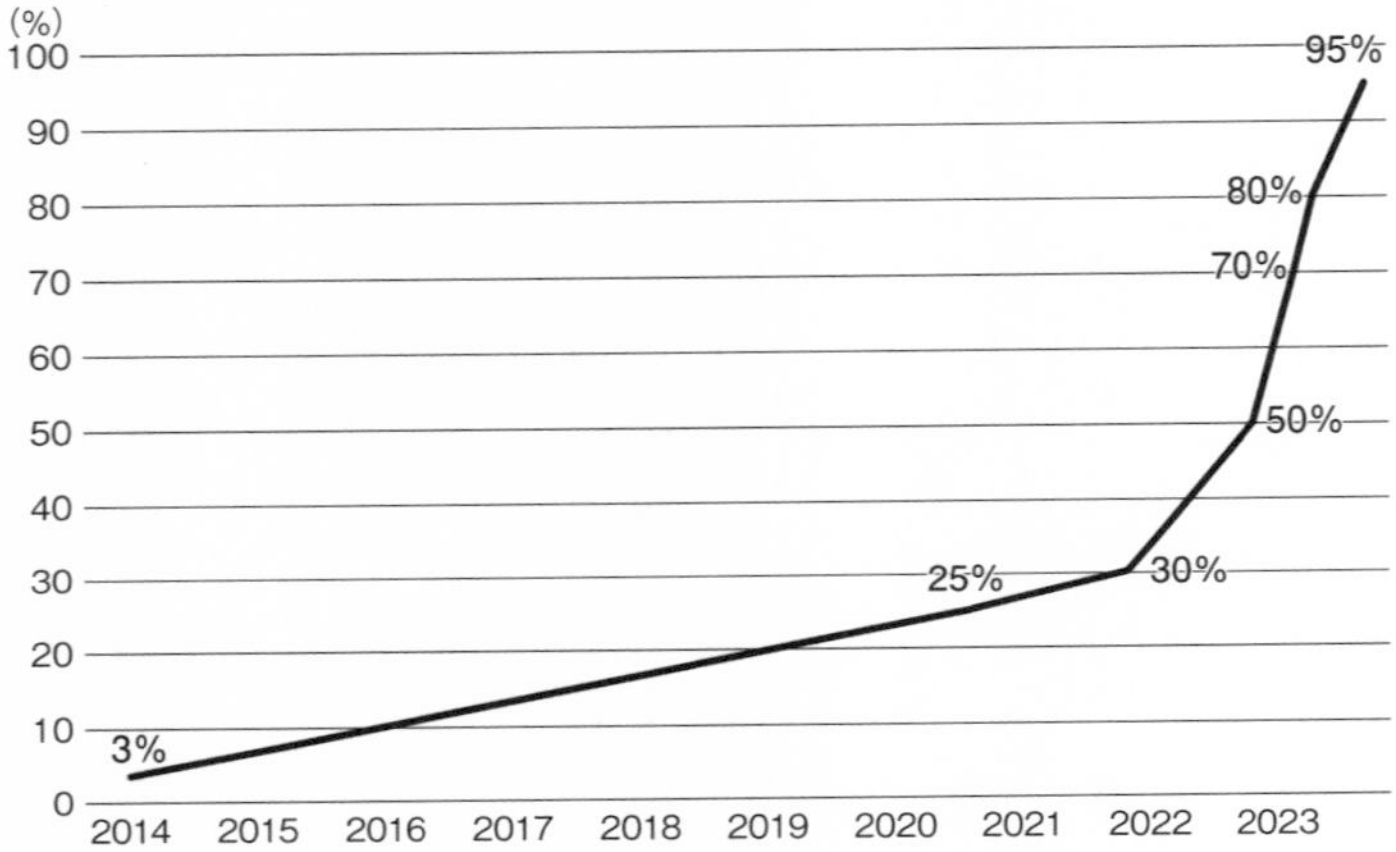

出典：ロシア政府側の複数の発表からまとめた

この図表から明らかなようにウクライナでマイダン革命があり、ロシアがクリミア半島を併合した2014年では、中露貿易のわずか2～3%が自国通貨で決済されていたにすぎない。このことは注目に値する。

2020年で25%に増加し、2022年（2021年末データ）で30%、ウクライナ戦争が始まった2022年末、すなわち2023年データでも50%でしかない。それがいきなり95%にまで至ったのは、2023年3月の中露首脳会談と、本章の三で述べた東北大振興、ロシアから見れば遠東開発にあると考えていいだろう。ここで中露は一体化した融合経済体を形成するに至ったのである。

ウクライナ戦争が長引いていなければ、こんなことにはなっていなかったかもしれない。逆に考えれば、ウクライナ戦争が長引いたことによって、中露ともに損をしておらず、習近平などはほぼ「独り勝ち」に近い。その流れを加速させるかのようにロシアのアントン・シルアノフ財務相は、「ロシアや中国のように他の国々も自国通貨や、信頼する友好国の通貨をますます使っている」と述べている。ウクライナ戦争により多くの西側企業がロシア市場から撤退した結果、中国がその穴を埋め、石油・ガス、石油化学、自動車、消費財、ガラス、建材などのロシアの大企業に参加する新たな機会が生まれたと言えるだろう。

２０２３年12月には、第９回中露財務大臣対話が北京で開催された。双方はマクロ経済情勢や政策、Ｇ20やＢＲＩＣＳ（ブリックス）等の多国間枠組みの下での協力、国際開発銀行改革、財務・監査監督における協力等について突っ込んだ議論を行い、多くの合意に至っている。

ロシアは２０２４年のＢＲＩＣＳの輪番議長国として、人民元など他の通貨の使用や決済システムの開放における協力を促進するだろう。２０２４年２月26日にロシア財政部長が中国と人民元借款《しゃっかん》の議論をしていると発表しているところを見ると、中露間における経済融合体はより一層拡大し深まっていくことが考えられる。

イラクの場合――。

２０２３年２月23日の「新華社バグダッド」電によれば、イラク中央銀行はこのほど、中国との貿易を人民元で直接決済できるようにするなど、外貨準備高を改善するための最新の措置を発表した。イラク中央銀行は22日に声明を発表し、中国との貿易の人民元での直接決済は、中国の銀行が開設した人民元口座を通じて人民元準備を増やす方法を用いるか、あるいはイラク中央銀行のＪＰモルガン・チェースとシンガポールのＤＢＳ銀行の人民元交換口座を通じて実現させると述べた。

イラク政府の経済顧問であるムディール・サーレハは、「イラクが中国との貿易を米ドルで決済した後、中国からの輸入品を人民元で決済することを認めたのはこれが初めてだ」とメディアに語った。イラク国家最高監査委員会のアマル・イブラヒミは新華社通信に対し、「イラク中央銀行が発表した措置は、人民元が国際市場でますます重要になっていることを示しており、これらの措置はイラクと中国間の貿易をより便利にするだろう」と語った。

中国はイラクにとって最大の貿易相手国であり、イラクはアラブ諸国の中で中国にとって第3位の貿易相手国である。

サウジの場合——。

２０２３年3月14日、中国の中央テレビ局は「中国輸出入銀行とサウジアラビア国立銀行が初の人民元建て融資協力を実施した」と発表した。同日、中国輸出入銀行の公式アカウントは「中国輸出入銀行とサウジアラビア国立銀行が初の人民元融資に成功し、中国とサウジの間の二国間貿易協力のための融資サービスを実施した」と発表した。中国輸出入銀行の高寧《こうねい》法人顧客部次長は「これは当行にとってサウジの金融機関との初の融資協力であり、また当行にとって中東に対する初の人民元融資協力でもある。サウジアラビア国立銀行が選ばれたのは、同国最大の金融機関であり、中東において極めて重要な地位を占めているからだ」と述べた。報道によると、中国輸出入銀行とサウジアラビア国立銀行との間の人民元融資協力は2023年2月末に調印され、融資は無事実行され、両国間貿易協力に移管されたとのこと。

2022年12月8日、中国とサウジは「包括的戦略的パートナーシップ協定」に署名し、両国がさまざまな分野で協力をさらに深めていくことで合意している（詳細は『習近平が狙う「米一極から多極化へ」』）。サウジ側では、今回初の人民元融資協力は二国間だけでなく、中東全体にデモンストレーション効果をもたらすだろうと言っている。

ASEAN（アセアン）の場合——。

2023年12月28日に中国の広西金融学会が編集し、中国金融出版社から出版した『2023年人民元ASEAN国家使用報告』によれば、ASEAN諸国の人民元使用状況は以下のようになっている。

●現地通貨協力に関する中国とASEANの合意が深まった。2022年現在、中国はベトナム、インドネシア、カンボジア、ラオスと二国間現地通貨決済協定を締結しており、中国・ASEAN諸国の二国間現地通貨スワップ協定額は8000億元（日本円で16・7兆円）を超えている。

●中国とＡＳＥＡＮの経済統合は、人民元の国境を越えた利用にとって重要な原動力となっている。２０２２年の中国・ＡＳＥＡＮの経常収支と国境を越えた直接投資の人民元の受取・支払は、それぞれ前年比60・7％と13・4％増加する見通しだ。これは全国平均成長率をそれぞれ28・8％と2・39％ポイント上回っている。

●ＡＳＥＡＮ地域における人民元の国境を越えた清算ネットワーク（クロスボーダー決済）が形成され始めている。シンガポール、マレーシア、タイ、フィリピンにおける人民元清算銀行の建設は着々と進んでおり、第二世代人民元の国境を越えた決済情報管理システムが正式に運用されている。

●地域経済は活況を呈しており、それぞれが独自の人民元ビジネスモデルを持っている。広西チワン族自治区、雲南省、重慶市は多数の革新的なクロスボーダー人民元事業の立ち上げに成功している。中国・マレーシアの秦州工業団地における金融イノベーションのパイロットは順調に進んでいる。雲南省の新たな対外貿易クロスボーダー人民元決済ビジネスは活況を呈している。重慶は中国とシンガポールの金融協力を新たなレベルに推進した。

●金融テクノロジーが人民元の国境を越えた使用に新たな勢いをもたらしている。デジタル人民元ＡＰＰと多国間中央銀行デジタル通貨ブリッジプロジェクトは、中央銀行デジタル通貨の探求における新たな進歩を促進した。

アルゼンチンの場合――。

新華社ブエノスアイレス電は2023年4月26日、アルゼンチン政府が中国からの輸入品を米ドルではなく人民元で行うと宣告したと報道した。

しかしアルゼンチンの場合は2023年12月10日に、「南米のトランプ」と呼ばれているミレイ大統領が就任したので、今後どのように対中方針が変わっていくかは未知数だ。選挙活動のときほどには過激でなかったとしても、対中強硬は変えないかもしれないので、観察を続けるしかない。

ブラジルの場合――。

2023年3月、ブラジルと中国が「自国通貨を使用して貿易を行う協定」を締結した。

2023年3月30日、シンガポールのメディアTHE STRAITS TIMESは、ブラジル政府が「中国とブラジルは、仲介者としての米ドルを捨てて自国の通貨で取引する合意に達した」と述べたと報道した。報道は続けて以下のように述べている。

この協定は、全能のドルに対する北京の最新の一斉射撃である。アメリカ経済覇権の最大のライバルである中国と、ラテンアメリカ最大の経済大国であるブラジルが米ドルを経由する代わりに、人民元とレアル（ブラジルの通貨）で大規模な貿易と金融取引を直接行うことを可能にする。「これによりコストが削減されることが期待され、二国間貿易をさらに拡大し、投資を促進する」とブラジル貿易投資促進庁は声明で述べた。中国はブラジルにとって最大の貿易相手国であり、昨年の二国間貿易額は過去最高の1505億米ドル（日本円で22・7兆円）に達した。この取引は、1月の暫定合意に続くもので、北京で開催された中国とブラジルのハイレベル・ビジネス・フォーラムの後に発表された。

ボリビアの場合――。

2023年4月、ボリビア大統領が「政府が国際貿易を行うための米ドルの代替品として中国人民元の採用を積極的に検討している」と発表した。

他にもシンガポールやパキスタンなど数多くの国があるが省略する。また国家間ではないが、たとえば2023年3月28日に上海石油・天然ガス取引センターで、中国海洋石油グループ（CNOOC）とフランスのエネルギー大手トタルエナジーズの間に、初の人民元決済取引が成立したことなどもある。さらに2023年4月24日にはペトロチャイナが中国と湾岸協力会議諸国間で初のLNGクロスボーダー人民元決済取引に合意している。この手の企業間の情報は数多くあるので、これらも省略することにする。

第六章

ガザ紛争で「漁夫の利」を得る習近平

一　ハマスの奇襲──裏には中東和解に動いた習近平に対するバイデンの嫉妬

２０２３年10月7日、パレスチナ・ガザ地区のイスラム組織ハマスがイスラエルに向けて大規模奇襲攻撃を行った。奇襲攻撃を肯定はしないが、それに対するイスラエルの執拗な報復攻撃には、あまりに残虐で非人道極まるものがある。到底許されるものではない。

ここではまず、「なぜハマスは今、奇襲攻撃をしたのか」に関して直接のきっかけとなった背景を考察したい。

長いスパンで見るならば、概ね１９９０年以降、サウジアラビア（サウジ）の産油量はロシアとともに世界の一、二を争っていた。このためアメリカとは「ペテロダラー体制」を築いたほど蜜月《みつげつ》関係にあった。ところがアメリカでシェールガス（シェールオイル）の採掘が本格化する「シェール革命」が起こり、２０１８年あたりからはアメリカがサウジを上回って世界一の産油国になると、事態は一変した。以来、アメリカのサウジ必要度は下がっていき、特に２０１８年10月2日にサウジ政府に批判的だったサウジ人ジャマル・カショジ記者がトルコ・イスタンブールのサウジ総領事館で殺害されたことで、両国関係は一気に険悪になっていった。

犯人はサウジのムハンマド皇太子だろうというニュースが出回ったものの、当時のトランプ大統領は「片目をつぶる」やり方であしらっていた。ところが2021年1月にバイデン政権が誕生するや否や、バイデンは「人権問題」を掲げて、ムハンマド皇太子の責任を追及し始めたのだ。トランプと違うことを少しでもすることによって、自分の政権の価値を上げたいという思いがあったからにちがいない。

一方、2021年8月30日にアメリカ軍はアフガニスタンから部隊の撤退を完了し「アメリカ史上もっとも長い戦争」ともいわれた20年間におよぶ軍事作戦に終止符を打っていた。しかし撤退のときのあまりの無様《ぶざま》ぶりが全世界をアッと驚かせ、アメリカの権威は地に落ちた。NATOのアメリカに対する失望も尋常ではなかったので、バイデンはNATO共通の「巨大な敵」をつくり出す必要に迫られた。そこで「ロシア脅威論」を必死で煽り、プーチンをウクライナ攻撃へと追い込むことに成功したのは、もうくり返すまでもないだろう。

このとき西側メディアが見落としていた事実がある。

それが中国のアフガニスタンに対する一貫した友好的姿勢だ。

拙著『習近平が狙う「米一極から多極化へ」　台湾有事を創り出すのはCIAだ！』の【第四章七、アメリカの「空白地帯」アフガンを抱き寄せる習近平――核心的価値観をグローバルサウスに染みこませ】では微に入り細を穿《うが》って、中国が米軍撤退前後において取った緻密《ちみつ》な計算に基づく行動を説明した。日本人にとって差し当たって興味がない側面かもしれないが、実は世界情勢を左右させているのは、このときのアフガンに対する習近平の行動と思惑であったと言っても過言ではない。

イスラム教徒が多いアラブ諸国では、アフガンを精神的に支援した中国への信頼が一斉に高まる。その流れの中でサウジのムハンマド皇太子が習近平に秋波を送ったという経緯がある。

これも前掲の書の【第二章　中国が招いた中東和解外交雪崩が地殻変動を起こす】で詳述した通り、2022年12月7日に習近平がムハンマド皇太子の招待を受けてサウジを正式に訪問した際の熱烈な歓迎ぶりは、史上空前と言われるほど豪勢なものだった。

それに比べて2022年7月にバイデンが訪問をしたときのサウジの態度は、歓迎の「か」の字もにじんでいない冷たさで、むしろ「招かざる客」扱いだった。台湾のネットテレビでは、サウジ政府の、バイデンと習近平に対する扱いの違いを細かく比較して爆笑していたほどだ。

かくして2023年3月10日、習近平が国家主席に三選された日に、北京では中国が仲介したサウジとイランとの和解が発表された。反目していた両国の和解は世界に衝撃を与えた。サウジはアメリカの同盟国のような存在のはずで、イランはアメリカがもっとも敵視している国の一つだ。そのイランとサウジが和解したということは、サウジはある意味でアメリカを見限ったことになる。

その後の中東諸国の和解ぶりは、まさに雪崩を打った勢いだった。さらに中露が主導する上海協力機構やＢＲＩＣＳへの加盟競争が相次ぎ、地殻変動が起きつつあった。

このまま行けば、中東におけるアメリカの居場所はなくなる。

バイデンは焦ったにちがいない。

もともとサウジとイランは犬猿の仲で、２０１５年から始まったイエメン内戦は、サウジとイランの代理戦争とも言われていた。

イスラム教にもさまざまな宗派があるが、大きく分けると、

●イスラム教スンニ派の盟主：サウジ
●イスラム教シーア派の大国：イラン

となっており、スンニ派とシーア派の間ではもめ事が絶えない。

折しも２０１６年1月2日、サウジでは国内で爆弾などによる攻撃に関与した47人の死刑を執行した。大半は国際武装組織「アルカイダ」に関与したスンニ派の過激派だったが、47人の中にはサウジ王室に批判的だったイスラム教シーア派の有力指導者ニムル師も含まれていた。イランでは激しい抗議運動が起き、イランの首都テヘランにあるサウジ大使館をイランの群衆が襲撃し、サウジとイランは国交を断絶する事態に発展していった。

中国が和解させたのは、このような関係にあるサウジとイランだったのである。

したがってサウジとイランを和解させたとしても、イエメン内戦がそれですぐに終わるわけではなく、中東関係諸国はイエメンがどうなるのかを注視していた。

そのような中、2023年8月18日、イランのアブドラヒアン外相はサウジを訪問し、サウジ西部の街ジッダでサウジの実権を握るムハンマド皇太子と会談した。これはイエメン内戦も終わりを告げる証しだと関係国には映った。

イエメン内戦というのは、2015年に始まったイランとサウジの代理戦争のようなものである。もともと2010年から2012年にかけてNEDが中東を中心に起こしたカラー革命である「アラブの春」の一環として、2011年にイエメンでも「イエメン騒乱」があり、NEDの暗躍により、アリー・アブドッラ・サーレハ初代大統領が辞任に追い込まれた。サーレハ政権はイランと非常に友好的で原子力開発に関しても協力関係にあった。当然、親米的ではないので、アメリカが倒したい政権だ。そういうときにはいつでもNEDが大活躍する（詳細は拙著『習近平が狙う「米一極から多極化へ」』の【図表6-8「第二のCIA」NEDの活動一覧表】）。

サーレハ政権はハーディ政権に移ったが、サーレハ元大統領の支援を受けたフーシ派が親米のハーディ政権に対してクーデターを起こし、内戦状態となった。

このときハーディが一時的にサウジに逃亡したりしたこともあり、当時はアメリカと友好的だったサウジがハーディ政権側に立ち、フーシ派はサーレハ元大統領と友好的だったイランの支援を受けるという構図になって、長いこと内戦が続いていたわけだ。

その間、2016年10月13日に米軍駆逐艦がフーシ派に巡航ミサイルを発射し、直接攻撃をしたのをきっかけに、米軍はその後ずっと直接介入していた。

しかしイランとサウジが和解したのだから、これでようやく中東にも平和が訪れる。関係国は固唾《かたず》を飲んで、そのゆくえを見守っていた。

ところが、である。

そのようなことになってしまったら、アメリカのメンツは丸つぶれになるだけでなく、もう中東にはアメリカの存在価値はなくなる。そこでバイデンはムハンマド皇太子に「もしイランと結局のところ反目するようなことになったら、必要なのは何か?」と不安を煽り、「結局は軍事力を強化する以外にないだろう?」と誘い込んだのだ。

2023年9月19日のニューヨーク・タイムズや9月22日のNBCニュースなどが、「アメリカ政府がサウジと防衛条約の締結を進めており、アメリカはサウジによる独自の民間核計画の支援をする」が、その条件として「サウジはイスラエルとの国交樹立をすること」などを協議していると報じた。

これはすなわち、「イランとなど和解しないで、イランの敵であるイスラエルと仲良くしろ。そうすれば以前のようにアメリカは軍事的にサウジを支援する」とサウジに迫ったことを意味する。アメリカの多くのメディアでは「これはバイデンが大統領に再選するための狡猾《こうかつ》な策に過ぎない」という批判が見られたが、バイデンのこの狡猾さは、とんでもないことを引き起こすに至ったのだ。

もし万一にもアラブの盟主であるようなサウジまでがイスラエルと国交を樹立してしまったら、パレスチナ問題は人類から忘れ去られてしまう。そこでパレスチナ・ガザ地区のイスラム組織ハマスが、それを忘れさせないようにするために、「パレスチナ問題、ここにあり！」として実行したのが２０２３年10月７日の大規模奇襲だったのである。

二　パレスチナ問題とは何か？

そもそもパレスチナ問題とは何かを、できるだけ簡潔におさらいしておきたい。というのは、話は２０００年以上も前までさかのぼるので、現在地をわかる程度に押さえたいと思う。

紀元前13世紀ごろに、現在のパレスチナと呼ばれている地域に「ペリシテ人」の訛《なま》りと思《おぼ》しき「パレスチナ人」が住んでいたようだが、紀元前10世紀ごろになると、そこにユダヤ人によるイスラエル王国が誕生した。しかし西暦１３５年にイスラエル王国はローマ帝国によって滅ぼされ、ローマ皇帝ハドリアヌスは、それまでのユダヤ属州の名をシリア・パレスチナ属州と改名した。だから現在のパレスチナの地域は「パレスチナ」と呼ばれるようになったらしい。なんでも、ハドリアヌスはユダヤ人が争いばかり起こしているのをひどく嫌ったからとか。

このときパレスチナの地を追い出されたユダヤ人は世界に散り散りになり、パレスチナの地にはアラブ人が住みつくようになり、その人たちをパレスチナ人と呼ぶ。

2000年前にここにイスラエル王国があったからという理由で、だからここはユダヤの国なのだと主張するのは無理があろう。2000年前のことまで言い出すのなら、今のヨーロッパなどはすべて国境を描き直さなければならなくなる。

ただこの地にユダヤ人の国イスラエルを建国すると主張する理由は、一応あるにはある。

一つはパレスチナの地域をも統治していたオスマン帝国（1299~1922年）が全盛を極めていたときに、イギリスがいわゆる「三枚舌外交」を展開していた事実がある。

イギリスは、もしオスマン帝国を倒すことに協力してくれたら、ユダヤ人には「ここにユダヤ人の国家を建設する」と約束し、アラブ人には「ここに独立国家を建国する」と約束し、そしてフランスには「仲良く中東を英仏で分割しようや」と持ちかけていたのだ。

2つ目は、世界に散って流浪の旅を続けたユダヤ人は、生き残るために教育熱心で知識人が多く、金融業に長《た》けていた者もいれば優れた科学者になっている者もいた。。第二次世界大戦でナチスの迫害から逃れてアメリカに亡命したユダヤ人は多い。アインシュタインやエドワード・テラー（原水爆の父としてオッペンハイマーらとともにマンハッタン計画に参画）もユダヤ人だ。

しかし特に多いのは金融業である。気がつけば、アメリカの金融業はユダヤ人によって牛耳《ぎゅうじ》られていたと言っても過言ではない。アメリカ大統領選挙を左右するのも、このユダヤ人が牛耳る金融界だ。まだ第二次世界大戦中の１９３６年に起きたパレスチナ独立運動（パレスチナ・アラブ反乱）は１９３９年に失敗に終わっているが、戦後の１９４７年に国連で提起された「パレスチナ分割案」は成功した。この裏には、すでにユダヤ財閥の投票獲得を目当てにしたアメリカのハリー・トルーマン（大統領任期期間：１９４５年４月～１９５３年１月）の大統領選（再選）のための強烈な圧力があった。

１９４７年11月29日の国連総会で、「パレスチナの地」と呼ばれてきた地中海の東海岸の「地域」をユダヤ人とアラブ人に二分する「パレスチナ分割案」が決議された。このときパレスチナの地におけるユダヤ人の人口はパレスチナ人口の３分の１に過ぎなかった。にもかかわらず56・５％の土地をユダヤ国家、43・５％の土地をアラブ国家とし、エルサレムを国際管理とするという国連決議１８１号「パレスチナ分割決議」が、賛成33、反対13、棄権10で可決されたのである。これによりユダヤ人は１９４８年５月14日に「パレスチナの地」に「イスラエル」という国家を建設し、国連加盟まで果たした。パレスチナの地にいたアラブのパレスチナ人は何百年にもわたって住み慣れてきた「故郷」を追われ、行き場を失った。

そのためイスラエルが独立宣言をした翌日の1948年5月15日に周辺のアラブ諸国からなる「アラブ連盟」はイスラエルの建国を認めず、一斉にイスラエル領内に侵攻してパレスチナ戦争（第1次中東戦争）が勃発した。以降、今日まで何度か中東戦争が展開されているが、そのたびにイスラエルはアメリカの支援を得て軍事強国として強大化する。これに対して、パレスチナは「独立した主権国家」として認められていない状況が続いている。

もっとも、1988年11月15日に初代大統領のヤーセル・アラファートがパレスチナの独立宣言を発表し、「パレスチナ国」を国号として定めた。1993年にパレスチナ自治政府が発足して、長らくイスラエルに占拠されていたパレスチナでパレスチナ人による実効支配が始まった。2012年11月にはそれまでの組織としてではなく、国家として国際連合総会オブザーバーとして承認された。

2024年4月時点で、国連加盟国（193ヵ国）中、140ヵ国が国家承認している。対して承認していない国連加盟国は53ヵ国だ。安保理常任理事国である「アメリカ、イギリス、フランス」の3ヵ国に「日本、カナダ、ドイツ、イタリア」を加えたG7諸国はすべて承認していない。当事国であるイスラエルも未承認である。そのような不平等なことを可能ならしめているのは、イスラエルの背後にはアメリカがいるからだ。

中国はあくまでも国連決議181号通り、パレスチナの地には「パレスチナ主権国家」をも平等に樹立しなければならないという「二国家並存論」の側に立っている。「二国家並存論」を主張する国の数は多いが、いつもアメリカおよびその追随国家群に阻まれ、平行線をたどったまま今日に至っている。

今般のイスラエル・ガザ間の紛争に関しても、ガザの住民に対する残虐極まりない無差別攻撃に対して世界の多くの国が激しく抗議し、国連で何度も停戦が提起された。しかし常任理事国であるアメリカの拒否権によって阻止され、イスラエルは子供や老人の区別なく殺しまくっている。殺戮《さつりく》のための武器をイスラエルに際限なく提供してるのはアメリカだ。アメリカから得た武器でパレスチナ人を殺しているのだから、アメリカが停戦に賛同するわけがない。

2024年4月18日、国連安全保障理事会は「国家としてのパレスチナ承認をめぐる決議案」の採決を行ったが、またもやアメリカが拒否権を発動して否決された。バイデンは口では「二国家並存論」に賛成するようなことを言いながら、実際の行動になると、イスラエル一国しか認めない。アメリカとイスラエルは連動しながら「世界の戦争と虐殺」や「国家や人種の不平等」、あるいは「人権蹂躙《じゅうりん》」をほしいままにしているのである。

アメリカの武器商人を支えアメリカの金融を動かしているのはユダヤ人なのだから、いわば「アメリカがユダヤの傀儡政権になってしまった」という逆の見方もできる。

世界各地で選挙があるたびに「民主の衣」を着て、親米的でない政権を転覆させては戦争を起こしてきたNEDの中核を成しているのもユダヤ人だ。あのヴィクトリア・ヌーランドもブリンケン国務長官もユダヤ系アメリカ人である。

しかし、ことイスラエルに関しては、アメリカの民主党も共和党も同様に在米ユダヤ人の顔色を窺《うかが》う。なぜなら在米ユダヤ人がアメリカにおける大統領選を左右する傾向は第二次世界大戦以降、ひたすら強まっているからだ。

アメリカの総人口は現在約3・3億人だが、そのうちユダヤ人は2021年データで750万人ほどいるようだ。政治資金の多寡で当落が決まると言ってもいいような大統領選では、大富豪のユダヤ人を味方につけなくてはならない。

イスラエルの味方をしないと、アメリカでは大統領選に勝てないのである。

2020年11月9日、中国の国営テレビ局CCTVは「アメリカ大統領選におけるイスラエル要因：3％のユダヤ人がアメリカの富の70％を支配している？」という番組を放送したことがある。実際、フォーブス誌による2022年「世界のユダヤ人億万長者ランキング」を見ると、1位から7位までのユダヤ人は、みなアメリカ国籍であることがわかる。

世界の戦争はこうして起こされているのであり、アメリカが関係する人権蹂躙やジェノサイドは「正義」になるのである。

イスラエルが中東戦争を起こすごとに軍事的に強大化したことは前述した通りだが、196

7年の第三次中東戦争にも勝利した後は、残されたパレスチナ側のものであるはずのパレスチナの地に、イスラエルは次々と「入植地」を建設していった。休戦ラインを越えて、国際法上は認められていない土地までイスラエルは占領し、事実上、統治する土地にしてしまう侵略行為だ。この侵略行為を黙認しているのもアメリカである。

そのため現在のパレスチナはヨルダン川西岸地区のパレスチナ自治政府と、そこから切り離されたガザ地区しかない。２００６年に行われた選挙では穏健派で何とか二国並存案を通そうとする穏健派が負けて、過激的なハマスが勝利し、ハマスはガザに閉じ込められる形になった。イスラエルはガザ地区の周りに、場所によっては8メートルを超すような高い壁を築いて包囲し、ガザ住民がそこから抜け出せないようにして食糧・水・電気をほぼ遮断した。

筆者は１９４６年から48年にかけて長春で戦われた国共内戦において、47年晩秋から中国共産党軍（当時の通称：八路軍）の食糧封鎖によって、水も電気もない中、家族を餓死によって失った。餓死体の上で野宿させられ、恐怖のあまり記憶喪失になったことさえある。

ガザ地区に対するイスラエルの残虐性は、否応なく当時の記憶を想起させ、時としてＰＴＳＤに苛《さいな》まれる。だからあの惨状にあまり触れたくはないのだが、それでも、いったい誰が、そして何がこのような惨状を生んでいるのかに関しては徹底して追及したい気持ちを抑えることはできない。

ＮＥＤの手段により他国干渉をしないトランプでさえ、イスラエルに関してだけは例外だった。２０１７年5月22日、イスラエルを訪問していた当時のトランプ大統領は東エルサレムにあるユダヤ教の聖地「嘆きの壁」を、現職の合衆国大統領として初めて訪問した。トランプはユダヤ教徒の男性を表す小さな黒い帽子（キッパ）を被《かぶ》り、「嘆きの壁」に頭をつけて、ユダヤ教のしきたりに従って祈った。トランプ家の宗教はプロテスタントであるピューリタン（長老派）だ。長老派はアメリカ合衆国建国に貢献した宗派で、アメリカではもっとも社会的地位が高く資産家が多い。トランプの娘のイヴァンカは夫クシュナーとの結婚の際、長老派から正統派ユダヤ教に改宗した。

アメリカでは「イスラエルやユダヤ人のすることは何でも支持する」という立場のキリスト教福音派が約５０００万人もいると推定されている。大統領に再選されるためには、トランプにとって福音派とユダヤ教は絶対不可欠だったのだ。

そのためトランプはとんでもないことをやってしまった。

２０１７年12月6日、なんと、「国連が管理する国際都エルサレム」をイスラエルの首都として正式に認めると発表したのである。そしてアメリカ大使館をエルサレムに移設した。これはまさに歴史上、あってはならない出来事だった。なぜならエルサレムは「ユダヤ教、イスラム教、キリスト教」の共通の聖地として、踏み込んではならない禁断の園だからだ。

エルサレムの旧市街には「嘆きの壁」というユダヤ教の聖地があり、その上側に「岩のドーム」というイスラム教の聖地がある。キリスト教にとっては、イエス・キリストがユダヤ教聖職者によって十字架にかけられる形で処刑された神聖な場所だ（今でこそ華やかな金融業は、その昔は汚い「金貸し業者」あるいは「高利貸し」として蔑《さげす》まれていた。ユダヤ人が金融業に走ったのは、イエス・キリストを処刑した汚れた民族として、こういう職にしか就けなかったという理由もある）。

アメリカは大統領選のために世界各地で戦争を起こし続け、憎しみの連鎖で地球を覆っている。これはNEDだけの問題ではなく、NEDを憎んでいるトランプでさえ、大統領に再選されるためならエルサレムという「聖地」にまで土足で入り込んで、パレスチナ人の心をズタズタに引き裂いていく。

アメリカだけは、自国のために何でもやっていいという時代が、長続きするのだろうか？

三　ガザ紛争に対する習近平と中東の思惑

もともと習近平の狙いは巨大経済圏構想「一帯一路」の貫徹にある。

そのきっかけは2005年にシンガポール・ブルネイ・チリ・ニュージーランドから始まった経済連携協定に、アメリカが2008年ごろから興味を持ち出し、2009年にオバマ大統領が正式参加を表明し、TPP（環太平洋パートナーシップ協定）へと発展していったことにある。それからというもの2010年から2015年にかけて「アメリカが中国を排除し包囲する形で環太平洋の枠組み」を加速度的に形成していた。

2012年11月に中共中央総書記になり、2013年3月に国家主席になった習近平の政権は、まさにそのど真ん中で誕生した。2010年から中国のGDPが日本を追い抜き、アメリカに次ぐ世界第二位に成長したので、アメリカとしては何としても中国経済の発展を抑えこもうとしていることは誰の目にも明らかだった。

このときに習近平が着想したのがユーラシア大陸を西へ西へとつないでいく「一帯一路」構想だった。拙著『習近平　父を破滅させた鄧小平への復讐』で詳述したように、習近平は父・習仲勲《しゅうちゅうくん》から常に「中国悠久の歴史」を「偉大なる遺産」として重要視する教えを小さいころから受けていた。アメリカのTPPによる中国包囲網は、きっと習近平に父の教えを想起させ、「一帯一路」発想へとつながっていったにちがいない。

「一帯一路」を中東へ、アフリカへとつなぐ中継点には「パキスタン・アフガニスタン・イラン・イラク・サウジ」がある。パキスタンやアフガニスタンへの支援は広く知られている。特に米軍撤退後のアフガニスタンへの間断ない関与は、本章の一で書いた通りだ。

図表6-1にあるようにアフリカ大陸をカバーするために、イランとサウジを通らなければ

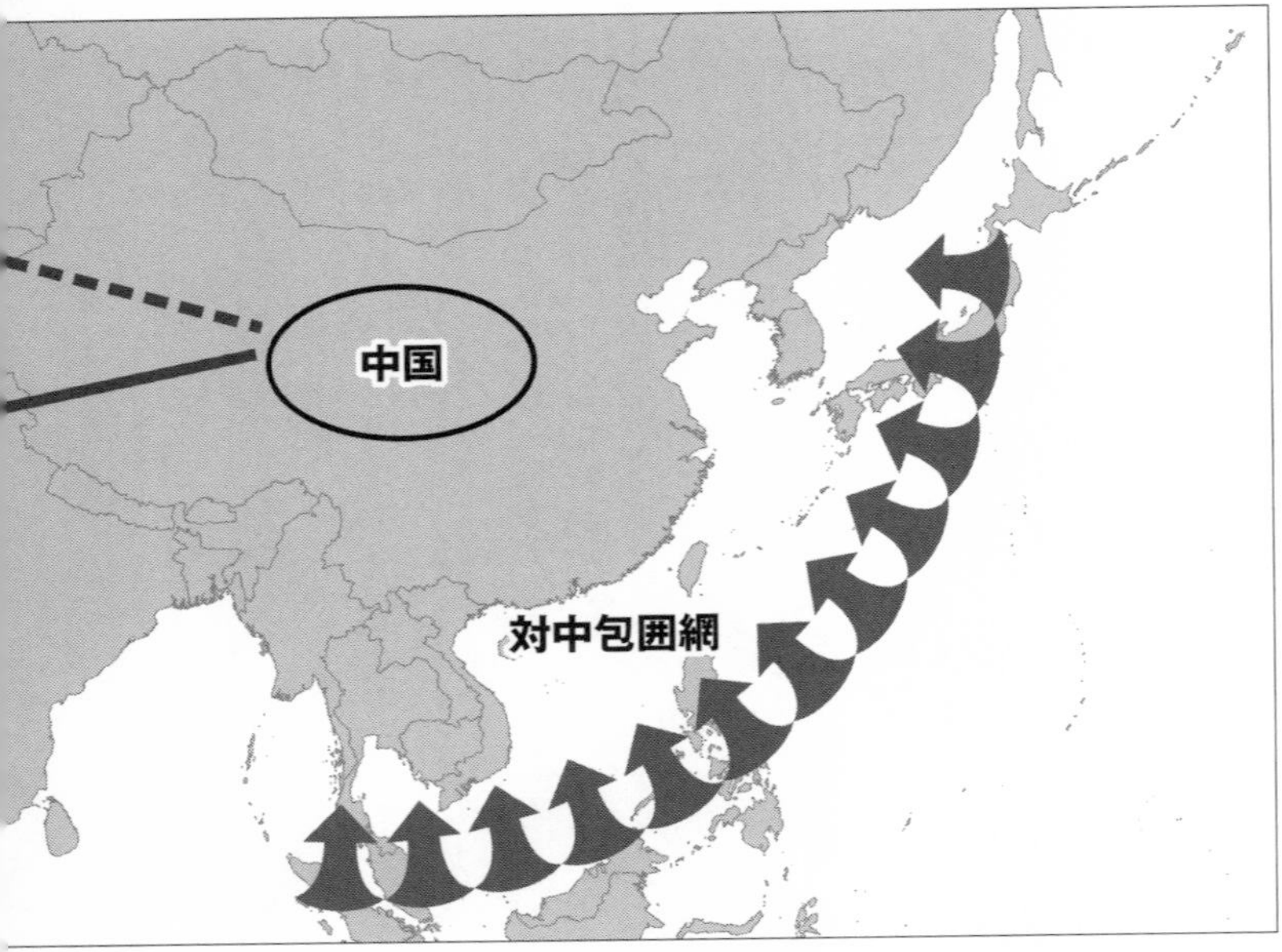

ならず、何としても「イランとサウジ」には仲良くしていてもらいたいと習近平は思っていた。

本章の一でサウジとイラクの和解に関してサウジの視点から書いたが、ここではまず習近平の視点から見た中東の位置づけに関して少し考察してみよう。

2016年1月、習近平はサウジを訪問し、両国は包括的な戦略的パートナーシップを確立した。2017年3月16日には、訪中したサウジのサルマン国王と人民大会堂で会談し、「一帯一路」構想と「サウジ・ビジョン2030」の連携について議論し、さま

図表6-1：「一帯一路」大陸への経由国

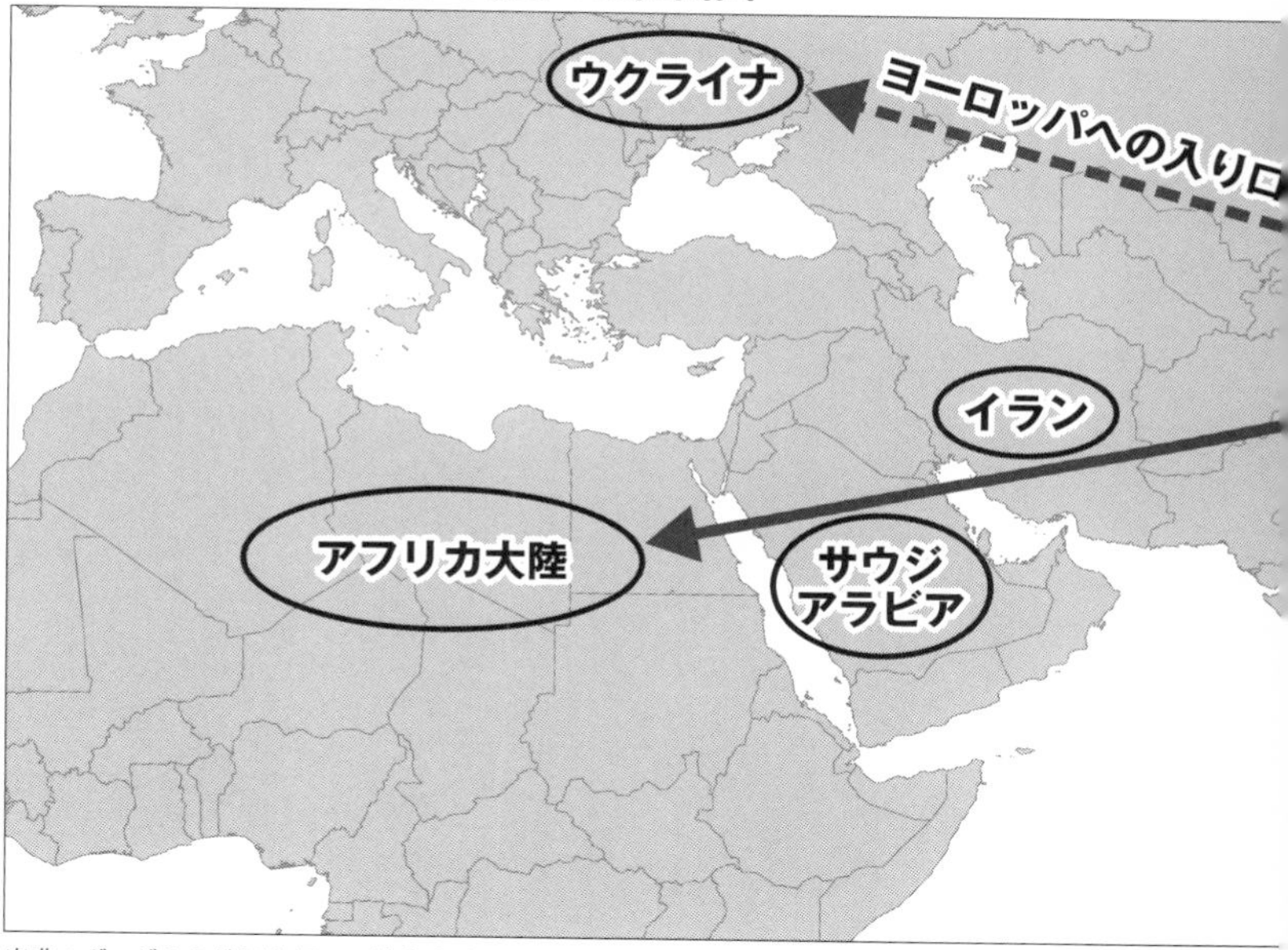

出典：グーグルの地図を用いて筆者作成

ざまな分野における協力文書に署名した。新華社通信は「アメリカの伝統的な同盟国であるはずのサウジの国王が、新しく就任したトランプ大統領と会談する前に東への旅を始めたのは注目に値する」と評価し、サウジも「ルック・イースト（向東看）」なのだと表現した。

2019年2月には、サウジのムハンマド皇太子も訪中して、「一帯一路」プロジェクトを大きく発展成長させる方向の決定がなされた。

このように習近平が「サウジ・イラン和解」の仲介をした狙いは、あくまでも「一帯一路」構想の貫徹にあったと言っていいだろう。

一方、中国とイランは、ともにアメリカから制裁を受けている国同士として仲がいい。「一帯一路」遂行にあたり、中国は当然のことながら中東でイランを重要ルートに引き込んでいるので、サウジはそれを「指をくわえて」見ているわけにはいかなかったのである。

そこで実はイラクが仲介して、サウジとイランを仲直りさせる道を探っていた。ところが2020年1月3日、最後の調整のためにイラクのバグダッド空港に到着したイランのガーセム・ソレイマニ司令官が、アメリカによって爆殺された。その真相を同年1月5日の特別議会で、イラクのアブドルマハディ首相が明らかにした。ソレイマニはイランの肯定的な回答をサウジに伝えるためにイラクを訪問したのだと、アブドルマハディは証言した。

サウジ・イラン両国が直接交渉すればいいようなものだが、何しろ国交を断絶していたのだし、それぞれ国内には強硬派もいて、自国民から弱腰と見られないようにしなければならない。だが仲介国がイラクのような、それほど大きな力を持っていない国だと、アメリカは平気で仲介国にいる関係者を暗殺したりする。

しかし中国が仲介した場合は、アメリカはうっかり「爆殺」のような形で横やりを入れにくい。中国の軍事力が、それなりに大きいからだ。報復を受けたら戦争になる。そこで中東の関係国の暗黙の了解を得ながら、中国が「サウジ・イラン」の和解仲介を買って出たわけだ。だからこそ、その後、中東における和解外交雪崩現象が起きたのである。

それが気に入らなくて、バイデンは「一帯一路」の真似をして「インド・中東・欧州経済回廊（IMEC＝India-Middle East-Europe Economic Corridor）」構想を提案した。この構想でインフラが整備されれば、スエズ運河を通ることなくアジアと欧州を結ぶ貿易の動脈が完成する。

この構想は2023年9月9日～10日にインドで開催されたG20サミットで公表された。本来、2021年の段階では「アメリカ、インド、イスラエル、UAE」の4ヵ国枠組みだったのだが、サウジのアメリカ離れと中国接近を受けてサウジも入れることになり、インドを触媒にしながら**「アメリカ－イスラエル－サウジ」**の線を強化しようとバイデン政権は狙っていた。

そこに共通している敵国は「イラン」のはずだったが、「サウジとイランの和解」が先に実行されてしまった。それにより、この構想の軸が怪しくなり始めたのでバイデンはインドのモディ首相をワシントンに招いて歓待し、モディを陥落させようと動いた。結果、9月のG20サミットでは、めでたくお披露目となったわけだ。

これが第一章で述べた「サウジとイスラエルとの国交樹立」へと誘うバイデンの甘い誘いだった。したがって習近平としては、何としてもイスラエル・パレスチナ間の紛争の即時停戦を呼びかけ、中東戦争に広がらないようにして欲しいと望んでいるわけだ。別に中国が平和を愛しているとか、そういう美談ではない。あくまでも経済で世界を搦《から》め取っていきたい中国としては、中東戦争により「一帯一路」貫徹の邪魔をされたくないのである。

図表6-1において点線で示した長い矢印をご覧いただくと、ウクライナ戦争は「一帯一路」のヨーロッパへの入り口を塞いでしまったことになる。これに関しても「和平案」を出し、停戦して欲しいと習近平は意思表示をしているのは、「一帯一路」を完遂したいからだ。


では次にイスラエルと国交を樹立している中東の国と、ガザ紛争が起きた後の中東諸国の対応を見てみよう。

2020年11月のアメリカ大統領選挙（当時のトランプ大統領にとっての再選）を控えて、在米のユダヤ財閥の資金を引き寄せ、ユダヤ教の有権者および福音派有権者を味方につけようと、トランプ政権は画策する。そこで2020年8月から12月の間に「アラブ首長国連邦（UAE）、バーレーン、モロッコ、スーダン」を説得し、イスラエルとの国交樹立に関する合意を取りつけた。これを「アブラハム合意」と称する。

アブラハム合意までにアラブ連盟（21ヵ国と1機構）の中で、イスラエルと国交を樹立していたのはエジプト（1979年）とヨルダン（1994年）だけだった。この2ヵ国さえ締結当時は「アラブの裏切り者！」という抗議が中東でまき起こり、過激派組織による武力攻撃をしばしば受けたものだ。そこでエジプトとヨルダンはイスラエルと友好的にすることにより、パレスチナ和平へと誘《いざな》う道を探りたいと弁明した。

したがって一気に4ヵ国も増えるというのは、相当に大きな衝撃を中東諸国、特にパレスチナやイランに与えた。

ただし4ヵ国のうちスーダンだけはいまだに国交を締結する文書に署名しておらず、内戦が続いている。その内戦も拙著『習近平が狙う「米一極から多極化へ」台湾有事を創り出すのはCIAだ！』第六章の264頁などに書いたように、選挙のたびにNEDが暗躍して親米政権をつくり上げようとしているために起きているものだ。

アメリカはベトナム戦争以来、世界のほとんどすべての戦争に関わって親米政権を打ちたてるために他国の内政に干渉し、親米的でない政府を転覆させては内紛を引き起こしている。CIAや「第二のCIA」であるNEDの場合は、「米一極支配を維持するための他国干渉」だが、パレスチナ問題の場合は、米国内における大統領選挙のための「道具」として、民主党も共和党もイスラエルのみを一方的に支援する。

そのために地域の平和が乱れようと、どれだけ多くの無辜の民の命が奪われようと、アメリカは知ったことではないのだ。**大統領に当選するためには何でもする。**

バイデンの場合は、「米一極支配維持」のための習近平への対抗と、米国内における大統領選に向けての有権者へのアピールという両方の側面がある。大統領選では、どの候補者が「より強烈な対中強硬論者であるか」を競い、どの候補者が「よりユダヤ人を重視しているか」を競う。その両方の目的からバイデンはサウジを勧誘したのだが、サウジの場合はハマスによる大規模奇襲とイスラエルの激しい報復攻撃に直面して、ムハンマド皇太子は2023年10月13日に「サウジ・イスラエルの国交樹立予定」を凍結すると発表した。

2024年2月7日になると、サウジ外務省が次の声明を発表している。

——サウジアラビアはイスラエルとの関係について、東エルサレムを含む1967年の境界線上にパレスチナ独立国家が承認され、イスラエルによるガザ地区への「侵略」が停止されない限り正常化はあり得ないという立場をアメリカ政府に伝えた。

ガザ紛争以来、アメリカのブリンケン国務長官は頻繁にサウジを訪問している。実はサウジ外務省のこの声明が出される2日前の2月5日にもブリンケンはサウジに赴き、イスラエルとの国交樹立に向けて説き伏せようとしていた。しかしサウジはブリンケンの説得には応じず、この毅然とした声明を出したのである。

これこそは、もっともあるべき姿でサウジとしては、この方向でアラブ諸国をまとめたいところだろう。しかし非難はしても中東戦争には突入したくない。2024年4月現在での中東諸国の対イスラエルの基本姿勢を（受けた被害を含めて）列挙すると、概ね以下のようになる。

●イスラエルと直接武力衝突
レバノン：ヒズボラがイスラエルと直接衝突
イラク：国内の武装勢力がイスラエルを攻撃
シリア：イスラエルがシリア首都を攻撃
イラン：イスラエルがイラン大使館（シリア）を爆撃、イラン報復攻撃など
イエメン：フーシ武装勢力がイスラエルに対してミサイル発射。紅海危機などを惹起《じゃっき》

●エジプト
イスラエル・ハマス双方の自制を要請。大統領がイスラエルによるガザ爆撃は「自衛権の範囲を超え、ガザの230万人に対する集団懲罰に変わった」と述べた。

●バーレーン
2023年11月2日に駐イスラエルのバーレーン大使を召還し、イスラエルとのすべての経済関係を遮断。

●イラク
政府公式報道官は、「パレスチナ人が行った軍事作戦は、シオニスト占領当局による数十年にわたる組織的抑圧の自然な結果である」と述べた。

●ヨルダン
11月1日に駐イスラエルのヨルダン大使を召還し、「イスラエルが前例のない非人道的大惨事を引き起こし、ガザで無実の人々を殺害している」と非難

した。

●クウェート　イスラエルが「露骨な攻撃をしている」と非難。

●オマーン　外務省が国際社会に対し、「進行中のエスカレーションを阻止するために直ちに介入し、国際法の規則に訴える」よう求めた。

●カタール　外務省が「パレスチナ人の権利を継続的に侵害していることによる進行中のエスカレーションの一方的責任はイスラエルにある」と表明。

●サウジ　パレスチナの民間人の生命を脅かす地上作戦を非難。

●UAE　イスラエルによるガザ地区での地上作戦拡大を非難。

本来、習近平は巨大経済構想「一帯一路」を貫徹するために、その経由地での紛争がなくなるようにとの思いから、サウジとイランの和解を仲介したのだったが、アメリカが介入してきた途端に戦争が起きることが、ここまでの考察でご理解いただけたのではないかと思う。

――習近平は経済で世界をつなぎ「中華の繁栄」を勝ち取ろうとする。

――アメリカは一極支配を維持するために「戦争という手段」を常に選ぶ。

「紅い習近平の白い牙」が勝つのか、ユダヤ人に牛耳られ戦争ビジネスで世界制覇を維持しようとするアメリカが勝つのか。それは米大統領選の結果によっても違ってくるが、実はここに来て、とんでもない事態が展開している。

2024年4月4日のCNN報道によれば、トランプは4日に放映されたHugh Hewitt Show（ヒュー・ヒューイット・ショー）というテレビ番組のインタビューで、概ね以下のような回答をしたとCNNは解説を交えて報道している。

●トランプは「イスラエルは始めたことをサッサと終わらせろ！」（＝早く停戦しろ！）と何度もくり返した。

●トランプは「ガザから出てくる映像のせいで、イスラエルはすでにPR戦争に負けている。崩壊したガザのビルの映像が流れているが、そのビルの中には人間がいることを忘れるな！」と言った。

●トランプは、イスラエルの新聞イスラエル・ハヨムとのインタビューで、自分が「イスラエルはハマスとの戦争を終わらせる必要があり、イスラエルは世界から　多くの支持を失っている」とコメントしたことを肯定した。そして「私がはっきりと言ったのは、早いところ戦争を終わらせて平和を取り戻し、人を殺すのをやめろ！」ということだと、イスラエル新聞のインタビューにおける自分のコメントを擁護した。

●「早く終わらせろ！　早く終わらせて正常な平和に戻らなければならない！」とトランプは強調した。
●トランプは、イスラエルのネタニヤフ首相が2020年の米大統領選挙でバイデンが勝利したことを公けに認めて祝電を送って以来、ネタニヤフに対して個人的な敵意を抱いてきた。なぜならトランプはあのとき、あの選挙には不正があったと必死で抗議している最中だったからだ（＝だからトランプはネタニヤフには怨みがある）。
●したがってトランプが大統領に再選された場合、イスラエルとハマスの戦争にどう取り組むのか、また自身の政策がバイデンの政策とどう異なるのかを明らかにしていない（CNNからの引用はここまで）。

第一章で述べたようにアメリカの若者やアラブ系は、ネタニヤフを支援するバイデンに対して非常に批判的で、バイデン支持者がトランプ支持者を大きく下回る。理由の一つはイスラエルの残虐な殺戮行為に対してバイデンが寛容なだけでなく、殺戮するための大量の強力な武器をイスラエルに惜しみなく提供しているからだ。

ＴｉｋＴｏｋのアプリ配信禁止令に反対したのと同じ理由で、トランプは若者層の票を引き寄せようと、イスラエルの残虐な殺戮行為に反対しているのかもしれない。

理由が何であれ、ウクライナ戦争もガザ戦争も、トランプが再選されたら終わる可能性が大きい。習近平がトランプの再選を待っているらしいのもわからないではないが、しかし戦争中でも習近平は「参戦することなく」利益を得ている。

四　ガザ紛争　紅海で米中の力関係が逆転

1月26日から27日にかけて、アメリカのサリバン大統領補佐官（国家安全保障問題担当）と王《おう》毅《き》（中央政治局委員、中央外事工作委員会弁公室主任兼）外交部部長（外相）がタイのバンコクで会談した。

イエメンの反政府勢力「フーシ派」の紅海における船舶への攻撃をアメリカが阻止しようとしたが、効果がなかった。そこで背後にいるイランにフーシ派への支援をやめるよう「説得してくれ」と頼みに来たのが会談の目的だ。

しかし中国は台湾問題への内政干渉をアメリカがやめるほうが先決問題だとして強気の姿勢を崩していない。バイデンは大統領選があるため台湾の民進党に「独立色を減色せよ」（中国を刺激するな）という趣旨の指示を出す傾向にある。

そもそもタイで会談したのは、王毅がタイとの査証相互免除締結など多くの協力協定を結ぶために滞在中だったからだ。サリバンはその王毅に**「会ってもらうため」**にのみタイまで行った段階で、米中の立場が逆転している。バイデン政権は大統領選があるので国際的信用を回復するために、暫定的ではあっても中国に譲歩し、台湾有事が起きない方向に舵《かじ》取りをするときがある。日本は梯子《はしご》を外されないように気をつけなければならない。

中国外交部は1月26日から27日にかけてのバンコクにおける王毅とサリバンの会談に関して、以下のように報道している。

●米中は昨年サンフランシスコで両首脳が約束した事項に沿って話し合いを緊密に持つと確認した。

●王毅は「今年は米中国交正常化45周年。双方は対等な立場で話し合うべきで、相手国の核心的利益に決定的な損害を与えるような内政干渉をしてはならない」として台湾問題を最優先事項とする姿勢を崩さず、「他国の発展を阻止するような行動は取ってはならない」とも主張した。

●その上で、「外交、軍隊、経済、金融、商務、気候変動」あるいは麻薬取締などの領域で協力し合うとしている。2人は中東、ウクライナ、朝鮮半島および南シナ海などの国際問題に関しても話し合った。

外交部はあくまでも包括的で無難な報道しかしていない。

しかし実際は12時間にも及ぶ話し合いの内容は熾烈《しれつ》なものだった。中国共産党機関紙「人民日報」の姉妹版「環球時報」は1月26日の社評でアメリカは中国に頼みごとがあるようだが、それならまずはキチンと話し合いをという趣旨の見出しで、相当に辛辣《しんらつ》なことを書いている。

長いので概要を箇条書きすると以下のようになろうか。

●アメリカは紅海で1ヵ月以上にわたり同盟国の船舶の武装護衛を組織し、半月以上にわたってフーシ派武装勢力を武力攻撃してきたが、効果は見られなかった。紅海で挫折したアメリカは、あたかも背後に中国がいるかのような国際世論誘導を謀《はか》って「中国責任論」を展開しながら、一方では中国に「どうかフーシ派の背後にいるイランを説得してほしい」と懇願してきた。動機が不純だ。

●紅海は物品やエネルギーの重要な国際貿易ルートなので、紅海危機以来、中国はあらゆる関係者と緊密な意思疎通を維持し、緊張緩和に積極的に取り組んできた。中国は民間船舶への攻撃の停止を求めており、関係者に対し紅海の緊張を高めることを避け、紅海の水路の安全を共同で維持するよう求めている。

●アメリカが紅海危機の平和的解決を共同で促進するために中国の協力を得たいと望むのであれば、下心を排除して虚心坦懐《きょしんたんかい》に話し合いをすればいいだけのことだ。中国とイランは経済協力をしているが、中国とイランのいかなる関係もアメリカにとっては好ましくないようだ。

●今回のパレスチナ・イスラエル紛争勃発以来、アメリカ当局者らは中国に対し、中国にイランを説得してくれと頼んでいる。ところがアメリカの同盟国船舶護送が成功しないと、すぐさま「中国責任論」を掲げて中国を非難する。この自己矛盾は、国際舞台における米国の利己主義とダブルスタンダードをもっともよく反映している。

●多くの西側メディアさえ、軍事攻撃は逆効果でしかないとコメントし、アメリカの国防総省当局も、フーシ派と戦う軍事計画は「機能しない」と認めた。アメリカが護衛作戦を開始した際に思い描いていた「繁栄の守護者」のリーダー像は消え、紅海での対応に疲れ、ますます受動的になったアメリカの姿だけが残った。

●民間船を攻撃しているのはたしかにフーシ派だが、危機の根本原因はガザ紛争の波及にある。すべての当事者は一刻も早くパレスチナとイスラエルの間の停戦を実現し、戦争を終わらせるという基本に立ち返り、実行する必要がある。しかしアメリカはガザ攻撃をするための強烈な武器をイスラエルに提供し続けている。

●ウクライナでも成功していないアメリカは、地域危機に対する責任を可能な限り中国に転嫁したいという考えにとりつかれている。これは地域危機に対応できないアメリカの常習犯的な行動でもある。

●アメリカは中東に残したいわゆる**「力の空白」**を中国が埋めることを常に懸念している。そのため中国と地域諸国との正常な協力を絶えず悪者扱いし、中東における中国の「影響力」を抹殺しようと、あらゆる手段を試みてきた（引用以上）。

「環球時報」の最後の項目にある**「力の空白」**とは、アフガニスタン撤退の際にみっともない姿を見せてしまったアメリカが「中東に及ぼす力をなくしてしまった」ことを指している。さらに2023年3月10日に中国がイランとサウジを和解させたことをアメリカが妬んでいることも含んでいる。

ウクライナ戦争の原因はアメリカ、特にバイデンがつくってきたことは明らかだと思うが、もっとも得をしているのは中国で、実はガザ紛争に関しても中国には有利に働いている。

中国はウクライナ戦争に何らかの形で参画しているわけではないし、ガザ紛争においても「イランとサウジを和解させた」という事実があるだけだ。ただ「イランとは経済的に他の国同様に結びついている」というだけで、中国が得をするのはなぜか？

それは、中国が「アメリカから制裁を受けている国」としてロシアやイランと同じ立場にあるからだ。アメリカにとってロシアやイランは敵国以外の何ものでもないので話し合いなどできない。しかしアメリカとしては中国となら、いくらかは話ができる。だからウクライナ戦争やガザ紛争でアメリカに不利な要素が出てくると、中国を通してロシアやイランを説得してもらおうと、アメリカが中国に低姿勢にならざるを得ない状況に来ている。

そのためサリバンがわざわざ王毅のスケジュールに合わせて、タイまで飛んでいくという力関係が米中間に生まれているのだ。ハマスの奇襲もバイデンが原因をつくっているので、バイデンが招いた戦争で「習近平が嗤《わら》う」という構図が生まれつつある。

中国はここぞとばかりに、「フーシ派に関してイランに掛け合ってくれなどと頼む前に、台湾問題に関して内政干渉をするな！」と居丈高《いたけだか》だ。「台湾問題が先だ！」と一歩も譲らない。

だからといってバイデンは大統領選もあるので、アメリカの弱さを見せるわけにはいかない。このため「習近平とは常に意思疎通をしている」という口実を設けて格好をつけ、**実は習近平に「頼むから紅海問題でイランを説得してくれ」と腰を低くしている**のである。

だから台湾の総統選で民進党の頼清徳氏が勝ったときに、バイデンはすかさず**「アメリカは台湾の独立を支持しない」**と表明したわけだ。しかも民進党側にそれとなく**「独立を叫ぶ方向に動くな」とクギを刺している**。

となれば、台湾有事は、よほどの突発的なことでもない限り起きにくいことになろう。

本章の三の最後に書いたように、イランの影響下にあるレバノンのイスラム教シーア派勢力「ヒズボラ」は、イスラエル北部の国境地域でイスラエル軍との散発的な衝突をくり返している。またイエメンの親イラン武装勢力「フーシ派」は、「パレスチナとの連帯を示す」と称して、海運の要衝である紅海を航行する民間の船への襲撃をやめていない。

これまで述べてきた中東における中国の位置づけが、フーシ派にどのような影響を与え、ガザ紛争が中国にどれだけの「漁夫の利」をもたらす結果につながっているか。紅海におけるフーシ派の行動を、中国側の視点からもう一歩深く踏み込んで考察してみよう。

五　中国のネットが沸く「紅海で漁夫の利を得る習近平」

ガザ紛争により紅海で米中の力関係が逆転したことに関して、中国のネットは沸きに沸いている。官側の情報は面白味がないが、一般のネットユーザーや、名のあるウェブサイトに書かれている個人のコラムには実にうまい表現を使ったものなどが数多くある。どれを選んでご紹介したらいいか迷うくらいだ。

中でも、割合に知識人が集まる観察者網（guancha.cn）にときどきコラムを書いている「一顆青木（一本の青い木）」というハンドルネームの人が1月24日に書いたコラムは抜群だ。ユーモアと頓智《とんち》に満ち、かつ論理性も高いので、「一顆青木」さんのコラムをご紹介したい。

タイトルは、直接日本語にすると意味がわからず、最後まで読んでみて初めてわかるという、その意味ではキャッチーな表現ではある。タイトルだけ見たのでは、中国語で読んでも何のことだかわからない。簡体字でそのまま書くと「红海发生蹭船行为，一堆外国船围住中国船强行组队」となる。あえて日本語に訳すと「紅海で船の**ただ乗り**現象が発生　外国船の群れが中国船を取り囲んで強引にチーム編成を偽装」とでもなるだろうか？

では謎解きをするために何が書いてあるのか、「一顆青木」さんのコラムを読み進めてみよう。

——新たなパレスチナ・イスラエル紛争の勃発後、イスラエルによるパレスチナ民間人への残忍な虐殺に直面し、フーシ派は紅海海域でイスラエル関連の船舶を攻撃することによって、パレスチナへの支持を表明した。米軍が介入し、フーシ派の拠点にミサイルが発射されると、アメリカとイスラエルに関連する船舶への攻撃へと変わっていった。フーシ派が支配するバブ・エル・マンデブ海峡は極めて狭く、陸地からの射撃ですべての航路をコントロールすることができ、かつ両側に多数の浅瀬があるため、船舶の航路は非常に限定され、おまけに紅海を抜け出すまでに通過しなければならない航路は極めて長い。

攻撃されるリスクを回避するために、多くの船舶企業は紅海の航路を迂回《うかい》しているが、すべての船舶が迂回できるわけではない。なぜなら迂回すると輸送コストが最大600％も急騰し、企業によってはそれだけの金銭的ゆとりがなく、結局のところ少なからぬ貨物船が紅海を通るしかない。

そこでこれらの貨物船は安全を確保するために、さまざまなアイデアを考え出していたのだが、結果的に突拍子もないものになってしまった。

米軍がフーシ派の拠点を爆撃する前では、たとえば一部の貨物船は「目的地」欄の内容を書き換え、目的地を特定の場所から「イスラエルとは関係ない場所」に変更していた。中には「目的地」の備考欄に「乗組員はすべて中国籍である」と書く船もあった。また、一部の船では、船舶状況の備考欄に「乗組員はすべて中国から来た人々だ」に変更したりしている船もあった。

しかし米軍がフーシ派の拠点を5回も連続してミサイル攻撃をした後は、紅海情勢は一気に緊迫し、フーシ派は船への攻撃をエスカレートさせた。

1月15日午後4時、フーシ派が発射したミサイルがアメリカの貨物船「ジブラルタル・イーグル」号に命中した。すると1月16日、アメリカのシェルと日本郵船は紅海輸送の停止を発表し、紅海の貨物量は約70％も減少した。しかし残りの30％の船は紅海を通過しなければならない。迂回する費用が高すぎて手が届かないからだ。ならば、これら30％の船の航行安全を確保するにはどうすればよいのか？

1月19日、フーシ派政治局員のムハンマド・バキティは、ロシア・メディアとのインタビューで、「ロシアや中国などの国々からの船舶は紅海を安全に通過でき、同海域を航行する際に脅威にさらされることはない」と公言した。紅海を安全に航行することに加えてフーシ派は、「紅海を航行するこれらの国々（＝中露やその友好国）からの貨物船の安全を、責任をもって確保する」と述べている。

フーシ派が紅海を航行できる船舶について公式声明を出したのは今回が初めてである。フーシ派は自らを紅海の安全航行の守護者として明確に位置づけて、しかも「友好国」の船舶に対してのみ責任をもって保護すると表明している（ここで中断する）。

「一顆青木」さんは、ここで図表6-2のようなイラストを載せている。図表6-2に示したのは、日本語訳を筆者が付け加えたものである。「一顆青木」さんは、さらに図表6-3のようなものを掲載して説明している。これも面白いので日本語訳を加筆した。

「兄貴」＝「中国」の船のそばにさえいれば大丈夫というイラストだ。

笑ってしまうのは、「一顆青木」さんが組み合わせた図表6-4だ。この船自身は、もともと

図表6-2：中露の船舶は安全？

出典：「一顆青木」さんのコラムにある図表に筆者が和訳加筆

図表6-3：兄貴のそばにいれば大丈夫

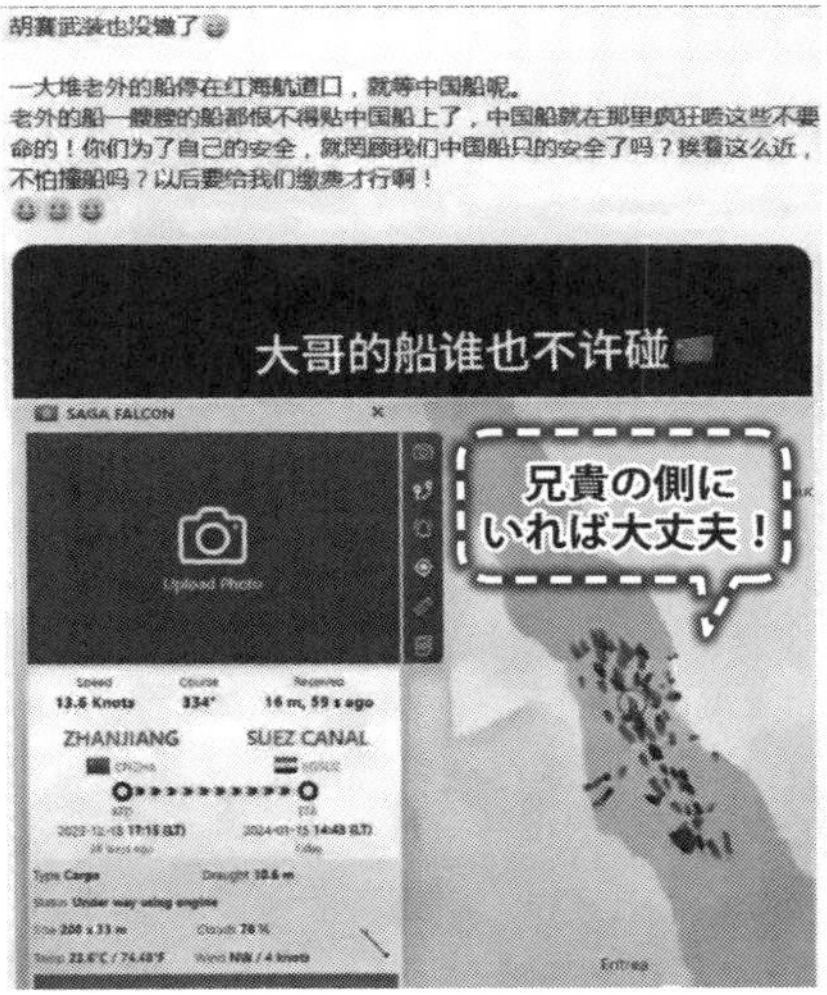

出典：「一顆青木」さんのコラムにある図表に筆者が和訳加筆

大連船舶重工業集団のウェブサイトに載っている2艘の船だが、そこに中国の国旗「五星紅旗」を掲げたさまざまな国の人たちの一群（映画「戦狼」から切り取ったもの）をはめ込んで、

中国の船のそばにくっついてさえいれば大丈夫！

と表したわけだ。大きな船は中国の船で、左下に「小判鮫」のようにくっついているのが、「他国の船」ということになる（四角で囲んだのは筆者）。

そこで「一顆青木」さんが使った言葉が、

我见过蹭饭的，见过蹭热点的，第一次

写真6-4：小判鮫

出典：「一顆青木」さんのコラムにある図表に筆者が四角の囲いを付加

看到蹭船的。

（私は今まで、恩恵に与《あず》かった「ただ食い」や「（ネットのホットスポットにあやかって）ただ乗り」をする人を見たことはあるけれど、さすがに他の船に寄り添って「ただ添い運航」をするのを見たのは初めてだ）。

なのである。なんと頓智《とんち》の効いたことを書き、ユーモアのある図表を作成する人だろう！　その聡明さに感心してしまって、何としてもこのコラムを紹介したいという気持ちになったわけだ。

「一顆青木」さんは続ける（以下に示すのは概要であり意訳でもある）。

――アメリカはドル覇権を利用して世界から税金を徴収し、その税金を軍事費として使って国際海運秩序を維持しており、国際海運秩序はドルと米軍の覇権の基本的な支えの一つと言える。したがって世界のどこかで海運秩序に問題が生ずると、すぐにアメリカが軍隊を派遣して介入する。

しかし今回、米軍が発砲した後は、紅海の海運秩序が回復しないばかりか、現地の状況を悪化させるばかりで、米軍は攻撃の激しさを強化しても秩序を回復することができなかったために、メンツを潰し、フーシ派と膠着《こうちゃく》状態になるしかなかった。

このようなときに中国船が無傷で紅海を通過できたのは、アメリカが軍事力を行使して中東に不謹慎な干渉を行ったとき、中国は中東をいじめなかっただけでなく、中東の偉大な和解運動に専念し、敵対する中東諸国が「敵意を平和に変える方向に」持って行ったために、中国は中東諸国の友情と尊敬を勝ち取ったからだ。だからこそ最終的に中国の貨物船が自由に紅海を安全に通過できる結果を得たのである。

（中略）それにしても、紅海の貨物船は船舶情報を修正する際に、なぜ中国関連の情報だけを記入し「ただ添い運航」をする際に、なぜ中国船だけを選ぶのだろうか。そこには「ロシア」も出てこなければ、「他の国名」も出てこない。

（中略）これは即《すなわ》ち、「寄り添うべきは中国だ」ということを表しているのではないだろうか？

フーシ派が中露とその友好国の船舶を優遇しているのも、中東諸国が中露とその友好国に関しては、アメリカ・イスラエルとその友好国に対するのとは、まったく正反対の気持ちを持っていることの証しではないだろうか？

紅海航路はアメリカ・イスラエルとその友好国以外の国々の航路となり、中露とその友好国の専用航路とさえ言える。これが中東の心だ（引用は以上）。

こういった動きを反映してか、２０２４年4月2日にはバイデンから習近平に電話をして会談を行った。４日にはアメリカのイエレン財務長官が訪中し、続けて24日にはブリンケン国務長官も訪中するなど、米政府高官の北京詣でが続いている。これに関しては次章で詳細に考察したいと思う。

第七章

習近平が狙う中国経済のパラダイム・チェンジ

一　全人代総理記者会見をなくした習近平の狙い

２０２４年３月５日から11日まで開催された全人代（全国人民代表大会）で何よりも注目されたのは、例年行われてきた閉幕後の総理記者会見がなくなったことだ。日本では、もっぱら「習近平の独裁強化」とか「習一強の表れ」とみなされているが、必ずしもそういうことではない。

実は習近平政権になったあとの２０１６年から突然、「部長通道」という囲み取材に近い部長（大臣）の記者会見が始まった。そして２０１８年からは「代表通道」という代表（全人代議員）の記者会見も始まって、むしろ総理記者会見よりも詳細で年々充実してきた。「通道」というのは、広い通路（廊下）があり、そこに大臣が歩いてきて記者団の前で立ち止まる形を取るので、日本でいう所の「囲み取材」に似た形を「〇〇通道」と呼ぶことにしたのだろう。

したがって「今年、総理記者会見がなくなったのは、秦剛《しんごう》元外相や李尚福《りしょうふく》元国防相の解任理由を聞かれると、回答に行き詰まるからだ」という日本記者クラブにおける中国問題専門家の解釈もまちがっている。なぜなら習近平は総理記者会見をなくすことを２０１６年から徐々に準備しており、今年突然中止したからではないからだ。

もともと総理記者会見では、各中央行政部門業務に関する理解が浅いために総理が言い間違える場面が散見されていた。事実、最近では、李克強《りこっきょう》元総理が2020年5月28日の全人代閉幕後の記者会見で「中国には月収1000元が6億人もいる」と発言した。もちろん、それは正確でなく、理解が浅いために世界中に誤解を与えてしまったという事例もある。本来、この「1000元」は「働いている人の世帯人口で割り算した一人当たりの収入」であって、6億人の中には赤ちゃんもいれば働けない介護老人も含まれている。このことに関して筆者は何度もコラムや著作で説明してきたが、何しろNHKがまちがえて複数回報道しているので、日本全国あまねく「総勘違い」が今もなお蔓延《はびこ》っているくらいだ。

これらを通して考えると、習近平は政権発足時からすでに総理記者会見をなくして「個々別々の担当大臣が詳細な説明をする方式」を準備していたものと判断される。

今年の全人代では、会期中に複数回の「部長通道」があっただけでなく、「経済主題記者会見」や「外交主題記者会見」および「民生主題記者会見」という複数の中央行政部門の大臣や主任が一堂に会する記者会見も実施された。

これらが「会期中」に行われたことが重要で、そこでの質疑応答は全人代最終日に決議される「政府活動報告」に反映することが可能だ。閉幕後だと、すでに「政府活動報告」の審議が完了しているので、トップダウンになる。しかし会期中に中央行政省庁の記者会見を行っていれば、「政府活動報告」に反映される可能性がある。この意味で、ボトムアップの要素をもたらす。習近平の「独裁強化」どころか、会期中に記者会見を行うのは、むしろ「独裁がもたらす弊害を和らげる」効果を生むことに注目しなければならない。

そもそも「全人代」というのは初日に国務院総理が行う「政府活動報告」を、全会期中をかけて各地域や団体から選ばれている「代表」（議員）らが作る分科会において「その報告で適切か否か」を審議するのが仕事だ。途中で1回だけ全員が一堂に会する全体会議があり、そこで中間報告を行ったあと、最終日に微修正を加えた報告書案を採決し議決する。議決された報告書に基づいて、その1年間の政府の政策を実行していくことになる。

2024年全人代開催中の記者会見には以下のようなものがある。

3月5日午前：開幕前に「代表通道」を挙行し、記者会見

3月5日午前：開幕後、「部長通道」を挙行し、記者会見

3月6日午後：経済主題（経済・財政をテーマとした）記者会見

3月7日午前：外交主題（外交をテーマとした）記者会見

3月8日午前：全人代、第二回全体会議前に「代表通道」記者会見

3月8日午前：全人代　第二回全体会議後に、「部長通道」記者会見

3月9日午後：民生主題（民生をテーマとした）記者会見

図表7-1：通道式記者会見の模様

出典：CCTV

3月11日午後：閉幕前に「代表通道」記者会見
3月11日午後：閉幕後に「部長通道」記者会見

「通道」形式の記者会見では、取材を受ける側と取材する側の間にロープが張られていて、事前に厳重な身体検査が行われているのだろう。そうでないと、カメラが実は銃を偽造したものである可能性などがあるかもしれない。ロープで仕切られた外側には、コの字型で多くの記者が詰め寄せている。イメージがわくようにその一例を図表7-1に示した。

これらがほとんどすべての中央行政省庁の大臣によって次から次へと行われるので、各中央行政省庁が何を考えているかがわかり、参考になった。

「〇〇主題記者会見」に関しても同様だ。3月6日に開催された「経済主題記者会見」を例にとると、国家発展改革委員会主任、財政部部長、商務部部長、中国人民銀行総裁および中国証券監督管理委員会主席という、見たこともないような豪勢なメンバーが登壇した。横長いテーブルの前に座り、会場に内外記者が舞台を眺めるように対峙《たいじ》するという形式で、圧巻だった。

このような経済・商務・財務・金融・証券などに関する中央行政のトップが勢ぞろいした記者会見など、中華人民共和国建国以来、見たことも聞いたこともない。

もっとも印象に残ったのは国家科技部の「部長通道」での回答だった。

中国は量子技術、人工知能、新エネルギーなどの分野で独自の大きな成果をあげてきたが、特に「新エネルギー車、リチウムイオン電池、太陽光電池」の**「新三様」**輸出の伸び率は急増しているとのこと。

全人代を通して突出していたのは「新三様」という言葉と「新質生産力」(新クオリティ生産力)あるいは「高質量発展」(ハイ・クオリティ発展)というスローガンだ。

これこそが、習近平が目指す新しい経済建設の方向性だが、具体的にいったい何を指すのかを次節二で考察したい。

二　不動産からハイテク産業に軸足を移す中国経済

不動産業界の長期的な低迷により不動産投資が大幅な減少を続けている半面、ハイテク産業への投資は増加している。特に「ＥＶを中心とした新エネルギー車、リチウムイオン電池、太陽光電池」などの「新三様」産業に主力が置かれ、半導体などの主要製造部門に対する政府の支援拡大も強化されている。

まず、言葉の定義をしておきたい。「新三様」のうちの「新エネルギー車」あるいは「ＥＶを中心とした新エネルギー車」だが、中国では「新エネルギー車」には「電気自動車（ＥＶ）とプラグイン・ハイブリッド車（ＰＨＶ）と燃料電池車（ＦＣＶ）」の3種がある。しかし日本ではＥＶという言葉のほうが馴染《なじ》みやすいので一括りにして、ここでは「ＥＶ」で代表させることとする。

次に「太陽光電池」だが、これも「太陽光発電」や「ソーラーパネル」など類似の言葉がある。厳密に言えば、「太陽光電池」は「太陽光によって蓄電された電池」で、「ソーラーパネル」は「その太陽光電池が平たいパネルの上に並べられているもの」だ。「太陽光発電」となると、これは「太陽光電池あるいはソーラーパネルを動力として用いて発電する形態」になるので、「物」ではない。火力発電とか水力発電と同じように、何を「動力」にして発電するかという「発電手段」であって、「生産物」ではない。これらは相当に好き勝手に混用されているので、本書では「工業製品」を扱うので、「太陽光電池」で統一することとする。となると、改めて「新三様」とは何かを書けば「EV、リチウムイオン電池、太陽光電池」となる。「様」は「種類」のような意味で、「新三様」という表現は「新しい三種の生産物」を指す。

さて、それではお約束通り、「新三様」に関して考察を深めたい。

昨年12月15日の「聯合国新聞」（国連新聞、中文版）は、中国経済の見通しに関して「世界銀行は中国の経済活動は2023年にサービス需要の増加、底堅い製造業投資、公共インフラ刺激策に牽引《けんいん》されて持ち直した。しかし経済のパフォーマンスは依然として不安定であり、デフレ圧力は根強く、消費者の信頼感は依然として低いままだ。2023年に5・2％成長した後、2024年には4・5％に減速すると予想している」とした上で、「不動産投資は大幅な減少を続けており、過去2年間で累計18％減少した。対照的に製造業への投資は通常より高い収益を得ており、同期間に累計で16％増加している」と書いている（もっとも2024年4月16日の中国国家統計局の発表では、第1・四半期のGDPは5・3％となり、市場予想を上回っている）。

ほぼ時を同じくして12月18日の中国共産党機関紙「人民日報」電子版「人民網」は、〈「新三様」の輸出は中国の製造業の新たな優勢を浮き彫りにしている〉という見出しで、【「EV、リチウムイオン電池、太陽光電池」に代表される対外貿易「新三様」は相変わらず売れ行きがいい。データによると、ここ3四半期の「新三様」の輸出総額は7989億9000万元で、前年同期比41・7％増である】と「新三様」という言葉で説明している。

今年1月19日になると、同じく人民網は〈工信部：対外貿易「新三様」は中国製造業の勢いを増強し面目を高めた〉という見出しで、国務院新聞弁公室の記者会見において工業情報化部（工信部）の辛国斌《しんこくひん》副部長（副大臣）が「EVに代表される対外貿易〝新三様〟は、中国製造業の勢いを増強させ面目を高めた」と述べたと報道している。

中国のネットでも「新三様」は花盛りだ。

これは中国経済が不動産投資からハイテク産業投資に軸足を移していることの表れとみなすことができる。その証拠となるデータを『中国経済簡報』（2023年12月号）で発見した。この『中国経済簡報』は「国際復興開発銀行」と「世界銀行」が共同で編纂《へんさん》したもので、版権はその両銀行にあり、一部の情報を用いるときは出典を明示すれば許されると書いてあるので、『中国経済簡報』（2023年12月号）の34頁にある「図表20」を引用させていただくこととする。

「図表20」にはA、B、C、Dと4種の図表が一枚の図表で描かれているが、この4種の図表

図表7-2のA：異なる業界における新規銀行融資の変動

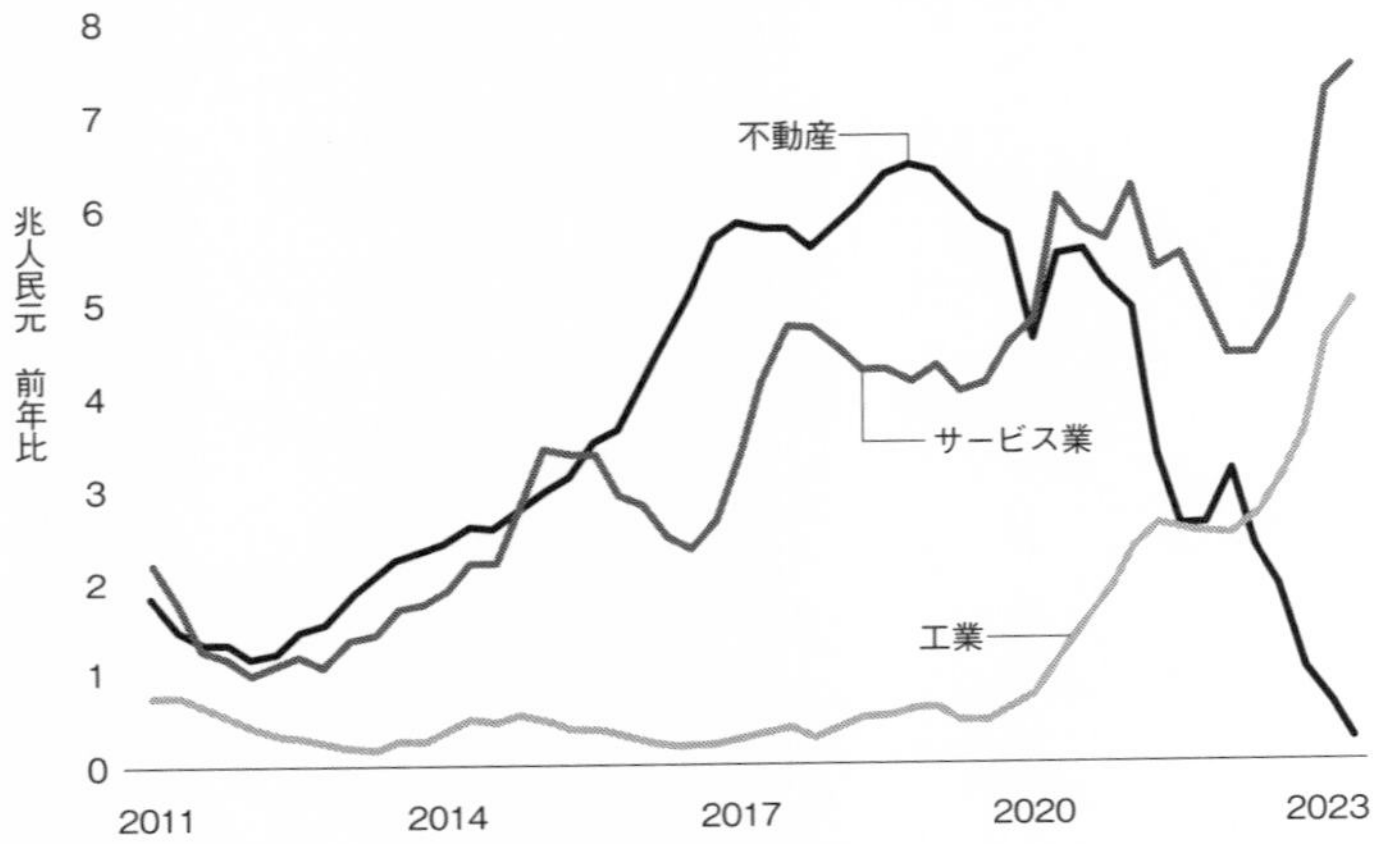

出典：『中国経済簡報』（2023年12月号）の図表20のAを筆者が和訳し調整工夫

をひとまとめにしたままだと、一つ一つが小さすぎて見にくくなるので、4枚に区分してご紹介したいと思う。「図表7-2のA、B、C、D」に示すのは「図表20」を4分割し、日本語に訳して日本の読者にわかりやすいように筆者が調整工夫したものである。

図表7-2のAを見ると、「不動産」への新規銀行融資が2023年にかけて急落し、それに代わって「工業」と「サービス業」が急増しているのがわかる。工業は主として製造業を意味し、サービス業はネット販売やシェア・サービスの隆盛を示唆する。

サービス業に関して書き始めたら大部のものになり大変なのだが、例を一つ上げると、2024年1月19日の人民日報電子版「人民網」は、「2023年の中国のネット販売の売上高は15・42兆元（約324兆円）に達し、11年連続で世界最大のオンライン小売市場になっている」と報道している。特に国内ブランドの売上高は主要な対象ブランドの65％以上を占め、家計消費促進（優遇）政策の導入以来、「家具の新規購入、ホームシアター、高齢者向け家庭用装飾品」は、8月から12月にかけてそれぞれ「372・1％、153・3％、64・6％」増加したとのこと。

また中国に戻っている昔の教え子にサービス業に関して取材したところ、庶民感覚として以下のようなリアルな回答があった。

1．ネット経済はとても便利で、確実に生活のコストを下げていると思います。以前からある「淘宝《タオバオ》」や「京東《ジンドン》」などの通販サイトはもちろん、近年、「拼多多《ピンドゥオドゥオ》」という格安の共同購入プラットフォームが爆発的に発展しています（海外版のTemuやSHEINなどの中国のネット販売サービスの利用が急増しているようです）。

2．「盒馬鮮生（盒の発音はカタカナ表記が困難なのでルビは省く）」や「叮咚买菜《ディンドンマイツァイ》」のような、ネットスーパーの通販が発達してきています。特に「盒馬鮮生」は住宅の近くにリアル店舗があって、オンラインで注文したら、その店に配達され、翌日直接取りに行くことができます。野菜や肉などはもちろん、魚やエビも店の水産箱に生きたまま保管されています。

3．配達も、もちろん直接住居で受け取るものもありますが、住宅近くに配達物をまとめる拠点があります。宅配番号や電話番号を提示すれば、配達物を受け取ることができます。

4. 「叮当快药《ディンダンクワイヤオ》」のような医薬品を29分以内に配達してくれるサービスもあり、いざという急病などのときにかなり便利です。

5. 外出するときには、「滴滴《ディディ》」などのような配車サービスがあります。マップアプリで、さまざまな配車サービスをワン・クリックで呼び出すことができます。日本にも近年Ｇｏタクシーなどが出ているようですが、まだまだ不便で中国のほうが使いやすいです。

6. 中国では、ほとんどの都市にシェア自転車、場合によってはシェア電動スクーターが随所に用意されています。駅から目的地までがちょっと遠いと思っても、日本円で20円くらい払えば自転車に乗れます。しかもこれらのサービスは基本的にＡｌｉｐａｙやＷｅＣｈａｔがあれば簡単に利用できます。

7. 「直播帯貨《ズーボォダイホワ》」という、配信者がライブしながら商品を販売する経済もかなり繁盛しています（取材内容はここまで）。

中国政府は１９９０年代から情報インフラの構築を重視する政策を進めてきた。国土が広大でオンラインを通した教育が不可欠だったからだ。有線電話というものが普及していない状況の中で、いきなりスマホやネットの時代に入っていったので、後発性の利を最大限に利用して

図表7-2のB：業界中央値を上回る投資収益率を達成した企業が調達した資金の割合

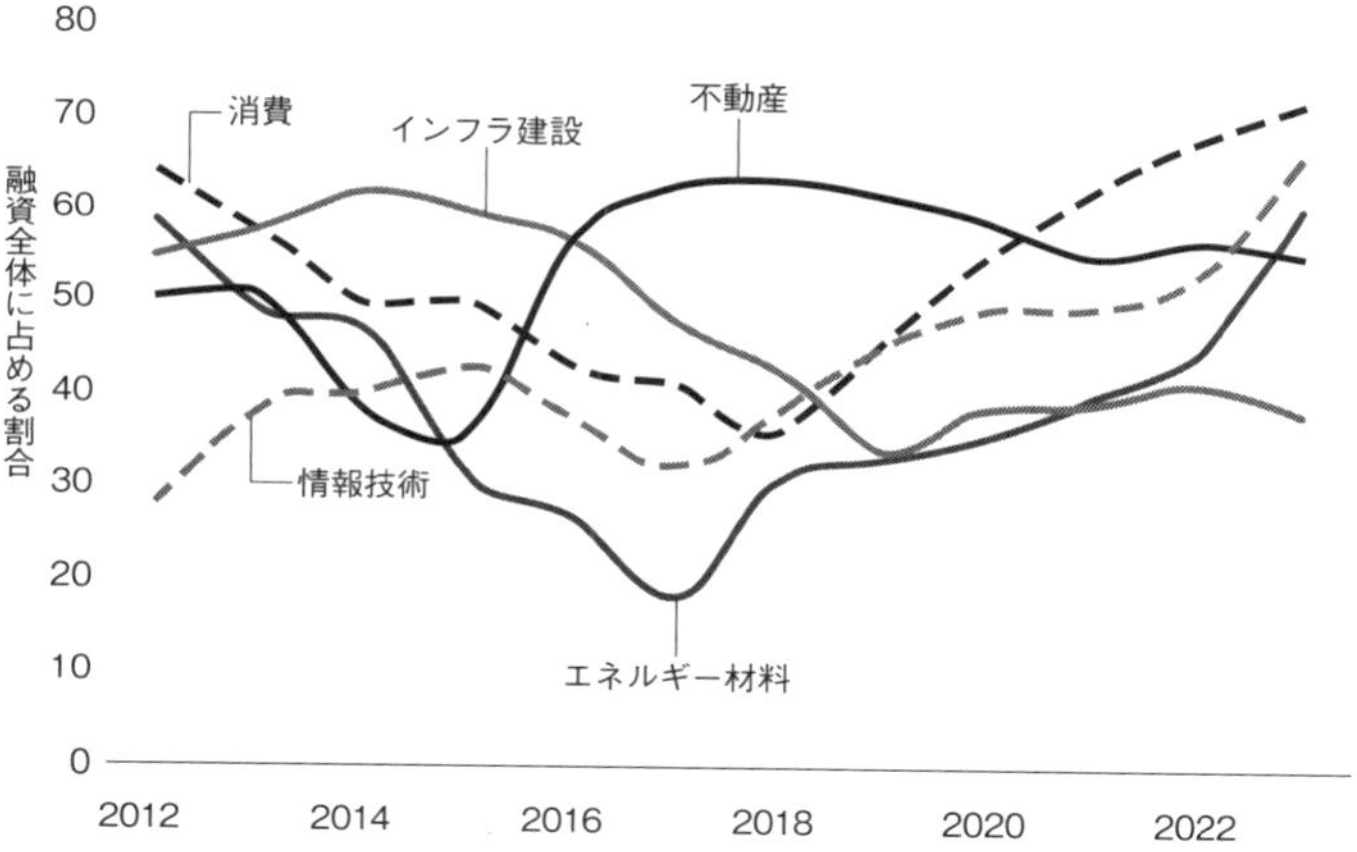

出典：『中国経済簡報』（2023年12月号）の図表20のBを筆者が和訳し調整工夫

いる。習近平政権になってからは「インターネット＋（プラス）」政策を打ち出し、積極的にeコマースを促進してきたという経緯もある。

こういった「生活の便利さ」のようなものはGDPに反映されないが、「経済の質」に大いに影響を与えている。

前述した2024年4月16日に発表された中国のGDP成長率5・3％の中で、製造業の貢献度が37・3％であるのに対して、サービス業は55・7％も貢献していると中国国家統計局は説明している。これは図表7-2のAの傾向と一致しており、中国のサービス業というのは案外に無視できない要素だ。

さて図表7-2のBを見ると、2022年にかけて「エネルギー材料」や「情報技術」の比

図表7-2のC：各業種の上場企業が獲得した直接補助金

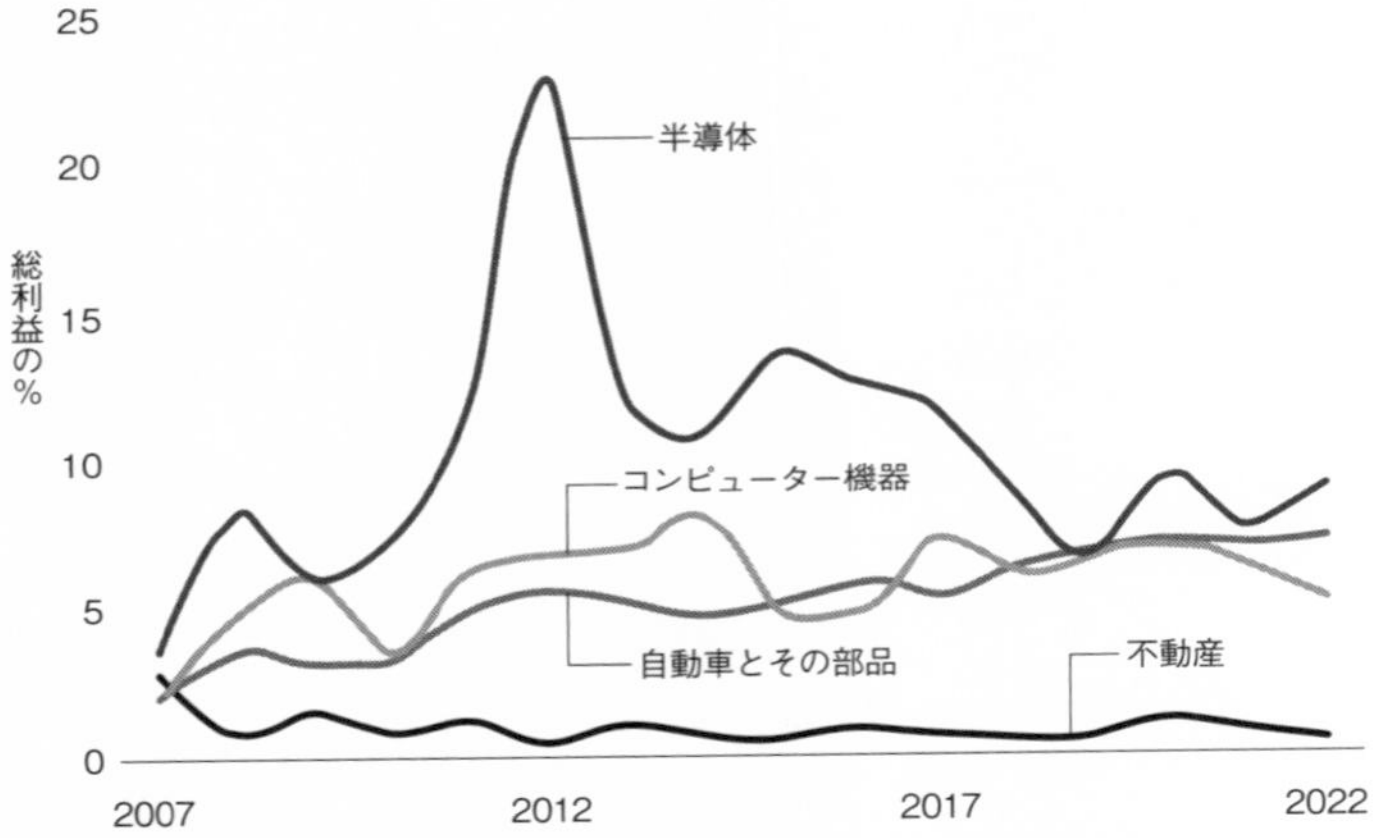

出典：『中国経済簡報』（2023年12月号）の図表20のCを筆者が和訳し調整工夫

率が上昇し、「不動産」が下降しているのがわかる。ただし残念ながら2022年までのデータしか取っていない。「インフラ建設」はこのグラフでは下がっているが、実際は地下鉄の拡充などにより2023年に向けて急増している。

不動産に対する直接補助金はもともと低いが、図表7-2のCから不動産と「半導体・コンピュータ機器・自動車とその部品」との歴然とした差を見いだすことができる。

図表7-2のDで歴然としているのは、「半導体、コンピュータ機器、自動車とその部品、バッテリー、太陽光発電装置」などの金利が低いということだ。これはすなわち、それらの分野を優遇していることになる。この傾向は2023年になると一層強くなっている。

図表7-2のD：2022 年の各業界上場企業の予想金利

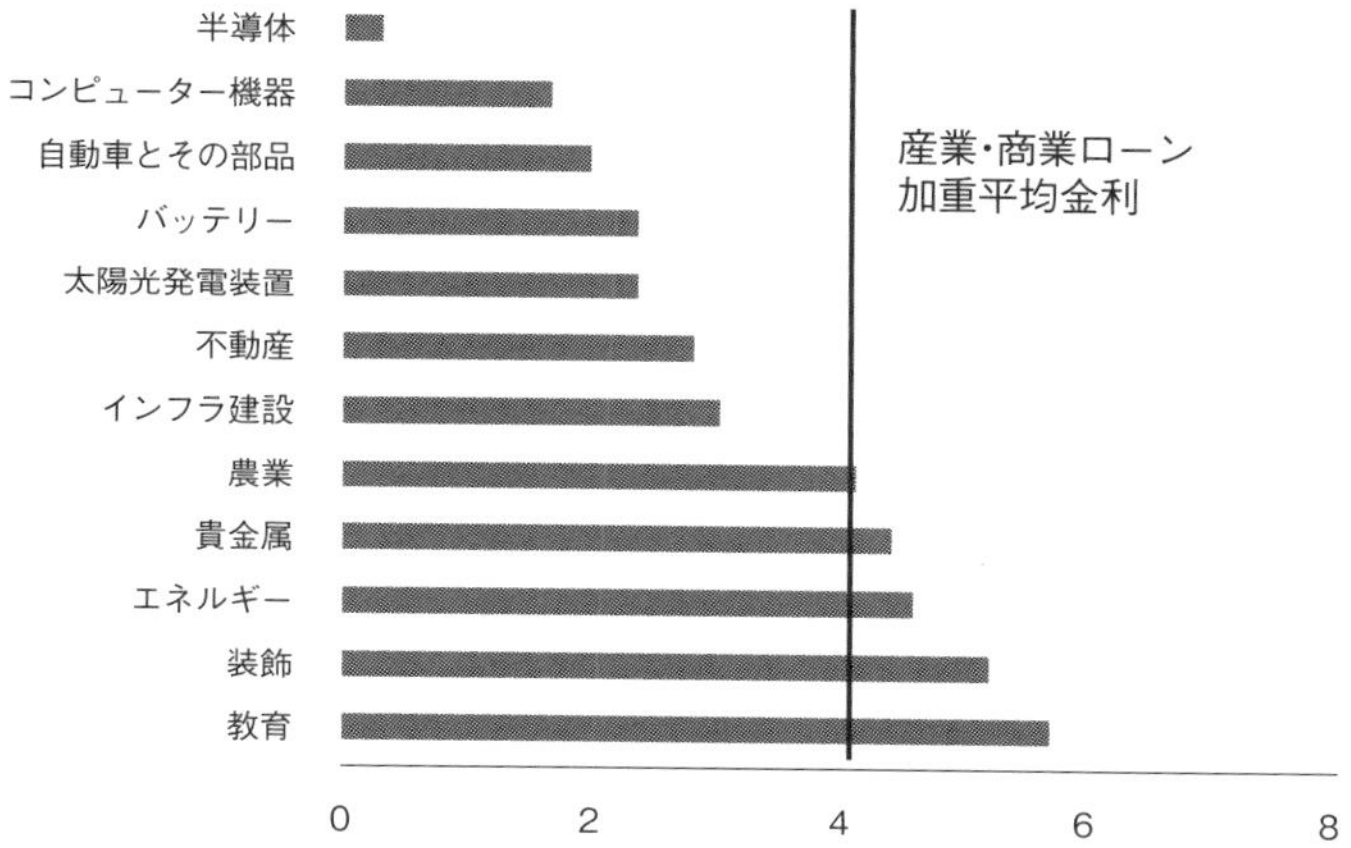

出典：『中国経済簡報』（2023年12月号）の図表20のDを筆者が和訳し調整工夫

以上のデータから、中国経済は今「不動産業からハイテク産業へ軸足を移している」ことがデータ的に明らかになったと思う。

では次に「新質生産力」「高質量発展」とは、何を指すのかを考察してみよう。

２０２４年３月１日、中国の経済を担う中央行政の一つである「国家発展改革委員会」は「高質量発展の体系的な解釈」と題する長文の政策論考を発表している。オリジナル情報は「習近平経済思想研究センター」だと書いてある。つまり「中国経済に関して習近平が何を考えているのか」を体系立てて、まとめたものだ。あまりに長いので全文の紹介は避けるが、ひと言で言うなら、拙著『「中国製造２０２５」の衝撃』で書いた習近平の「新常態戦略」＝New Normalのことを指している。

New Normalとは何かというと、中国の経済発展の物差しを「GDPの量」から「GDPの質」に変えていく戦略だ。中国のGDP増加率が8％を超え続けてきたのは、「世界の工場」としての役割を果たしてきた要因が大きい。しかし、その工場は「組み立て」工場でしかなく、手足としての肉体労働だけを中国の農民工などブルーカラーが担っていた。頭脳は西側諸国にあるという構造だった。

こんなことを続けていたら、中国は永遠に発展途上国のままで、絶対に真の国力を持つことはできない。「組み立て工場国家」のまま、中華民族は偉大な復興を遂げることはできず、屈辱的な立場は続く。

中華民族の偉大なる復興を本気で遂げたいならば、思い切って「GDPの量的成長」を捨て「GDPの質的成長」を重視しなければならないのだ。

こうして生まれ出てきたのがハイテク国家戦略「中国製造2025」だった。この戦略を編み出すのに大きく貢献したのが、拙著『習近平三期目の狙いと新チャイナ・セブン』で徹底して描いた丁薛祥《ていせっしょう》である。第20回党大会で、「新チャイナ・セブン」の一人となった。

習近平は徹底して「質的成長」にこだわった。

「質的成長」ということは、ハイテク分野での研究投資を重要視することになる。研究開発に投資している間はGDPの「量的成長」は見込めない。しかし**「痛みをともなう構造改革」**を断行しなければ、「中華民族の偉大なる復興」は永遠に果たせない。だからしばらくの間はGDPの量的成長は見込めない（＝GDPの増加率は小さくなっていく）が、その分だけ「成長のポテンシャル」は劇的に高くなっていくはずだ。

これが「高質量発展」であるとともに、習近平が見据えている中国経済の方向性だ。それに耐えてくれと人民に呼び掛けている。そうすれば必ず明るい未来がある。そうしてこそ「GDPの質」が上がり、中華民族の偉大な復興が遂げられるのだ。

「新質生産力」は、この方針で伸ばしていく生産力のことである。

2015年に発布されたハイテク国家戦略「中国製造2025」は「半導体、宇宙開発、AI、量子テクノロジー」など広範にわたっている。しかしトランプ前大統領が2017年にその脅威に気がついてからは、飛躍的発展を遂げていたファーウェイを何としても潰そうと数多くの対中半導体制裁を科してきた。このため半導体に関しては初期目標を達することができずにいるが、宇宙開発や核融合反応発電の研究開発に関してまで阻止することはできなかった。

宇宙開発では人工衛星の発展は言うまでもなく、人類がこれまでどうしても実現することができなかった「月の裏側」に到達する偉業を成し遂げた。

アメリカを中心として稼働してきた国際宇宙ステーションに中国が参加することをアメリカ

は拒否し続けたので、中国はやむなく独自の宇宙ステーションの稼働にまで漕《こ》ぎ着け、2022年10月に完成し運行を始めた。現在は「スイス、ポーランド、イタリア、ロシア、インド、日本、サウジ」など17ヵ国が国際協力プロジェクトに参加して、中国独自の宇宙ステーション天宮内で活動している。

中国の宇宙開発が「月の裏側」にこだわるのも、月の裏側には太陽風が吹きつけた、あふれるほどのヘリウム3が堆積しているからだ。

そしてこのヘリウム3は、何と言っても核融合反応に不可欠なのである。

中国の核融合反応開発事業の歴史は古く、毛沢東がアメリカから呼び返した銭学森《せんがくしん》博士などを中心として1955年に提案され、1958年から核融合開発事業が始まっている。朝鮮戦争時にマッカーサーが中国に原子爆弾を落とすと発言してから毛沢東は軍事研究基地を内陸に設置して、原子力事業に邁進した経緯があるからだ。原爆開発のためにフランスのキューリー研究所から銭三強《せんさんきょう》などの研究者を呼び返しただけでなく、核融合開発に関しては四川省などの内陸部に研究拠点を置いた。1972年以来、中国科学院は安徽《あんき》省合肥に制御された核融合研究基地を建設する準備をし、1978年に中国科学院プラズマ物理研究所が合肥に正式に設立されたときから本格化している。

習近平が2015年に「中国製造2025」を発布してからは、加速度的に発展し、202

3年4月には核融合の基礎となるプラズマ運転において「高出力で安定した状態を403秒間」持続することに成功している。

「わずか403秒?」などと思ってはならない。

これはプラズマ核融合発電が実用可能になる証拠を示した数値で、世界新記録を更新した数値なのだ。

習近平が核融合に注ぐ経費も人的資源も尋常ではない。

日本の文部科学省系列の「科学技術・学術政策研究所」の「科学技術指標2023」は論文数や特許数などに関して世界上位国のデータを公表しているが、それによれば「論文数の世界上位国の推移」は図表7-3のようになっている。中国が急激に伸び、世界一になっていることがわかる。

特許件数に関しては図表7-4に示した。「パテントファミリー」というのは、一つの国だけでなく、いくつもの国の特許庁に出願している「塊」を指す。「パテントファミリー数シェア」を除けば、やはり中国が圧倒的に世界一だ。

これらは経費的にも人材的にも「研究開発投資」であって「GDPの量」を短期には押し上げないが、「GDPの質」と中国の経済発展のポテンシャルを高めていることになる。

習近平は2023年12月11日から12日にかけて開催された中共中央経済工作会議などで、新

図表7-3：論文数の世界上位国の推移

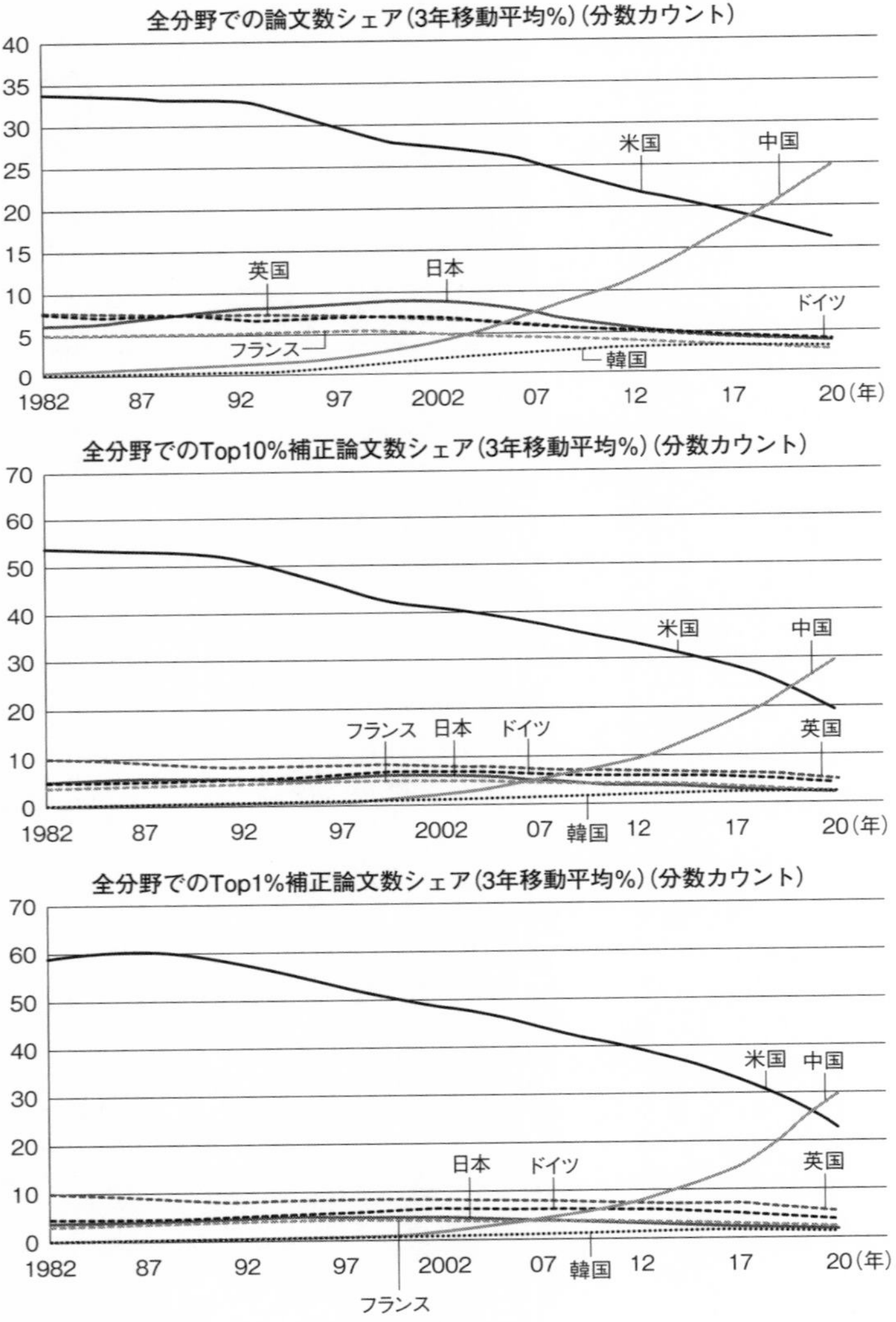

出典：科学技術指標2023

図表7-4：特許件数の世界上位国の推移

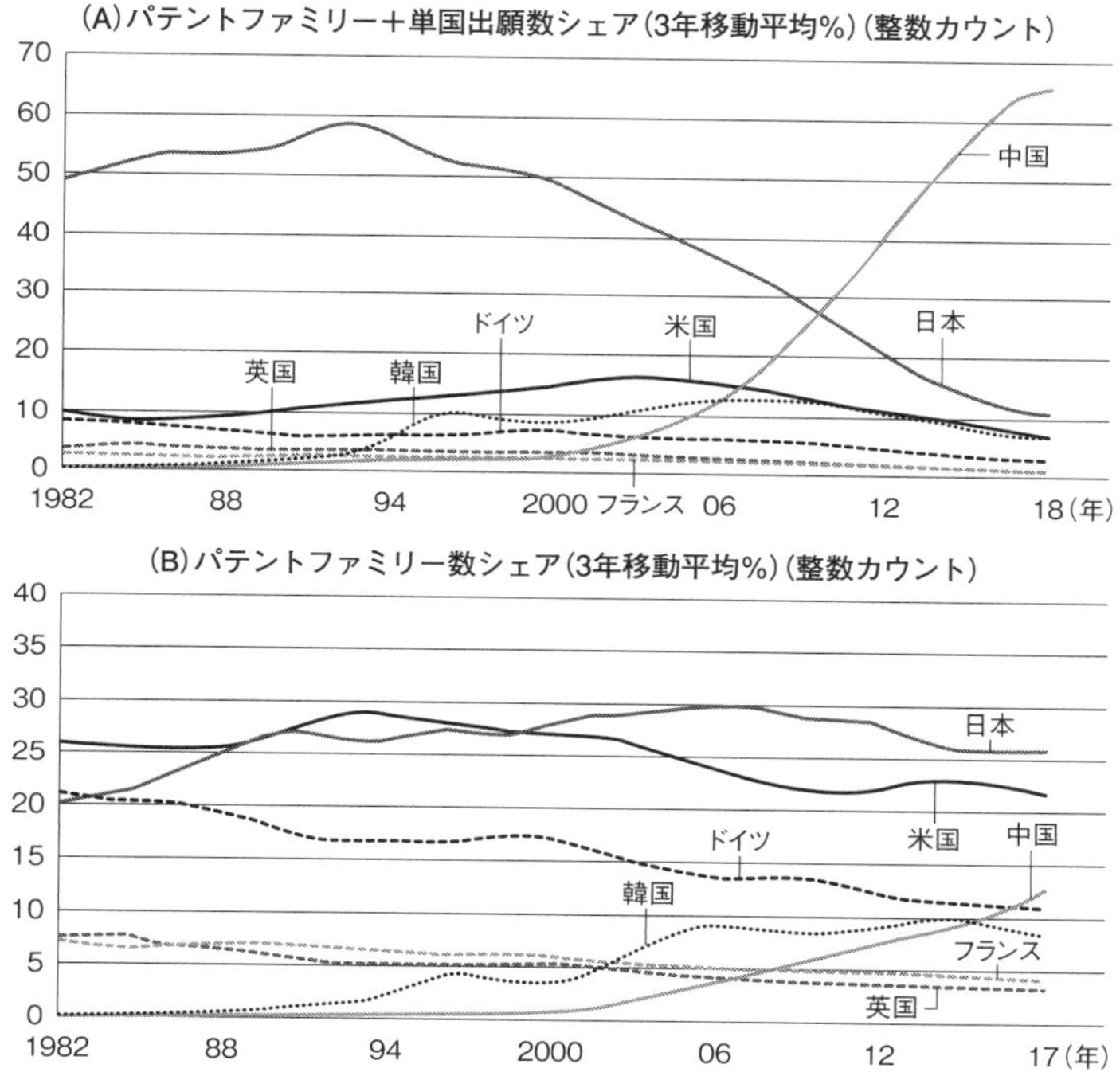

出典：科学技術指標2023

時代の「高資質発展」として**「破壊的イノベーションと最前線技術」**が「新質生産力」を高めるとして、あらゆる科学研究分野での革新的な突破に向けて檄《げき》を飛ばしている。これが「中国製造2025」の次に現れた習近平の中国経済発展の方向性だとみなしていいだろう。

製造業に関して見るならば、2024年2月26日、人民日報は「人民論壇」欄で「習近平総書記の製造強国に関する指示にまつわる中国の製造業の現状」を解説している。それによれば習近平は「製造業はわが国の立国の基であり、強国の基幹である」と強調して多くの指示を出している。「人民論壇」で取り上げている現状の中から、意外なものを見つけたので以下に示す。

●掘削機に関して

中鉄工程装備集団の鄭州《ていしゅう》組立工場では、工員たちが長さ約100メートル、数百トンの掘削機製造に没頭している。現在、世界の掘削機の10台に7台が中国製であり、中鉄工程装備の掘削機に関する総注文台数は1600台を越え、30以上の国と地域に輸出されている。

（筆者注：この種の掘削機は主としてトンネルを掘削するための「シールドマシン」と呼ばれているが、2023年10月12日の人民網日本語版は「世界のシールドマシン、10台中7台が中国製」と報道している。それによれば、直径が世界最大の一体式シールドマシンのメインベアリングが湖南省長沙市でラインオフし、中国の国産超大直径メインベアリングの開発および産業化能力が世界のトップ水準に達したことを示していると解説している。特に「永寧号」は中国初の大直径大傾斜角斜坑トンネルシールドマシンで、永寧号のメイン駆動モーターは8セットの国産350kWモーターで、国産のため調達コストが輸入より約半減したとのこと。高速鉄道のトンネルだけでなく、中国では地下鉄の沿線拡大が一大事業になっているので国内経済や社会活動に影響をもたらす。また習近平は「2035年までには大陸と台湾の交通を直接つなぐ」という目標に向かって邁進しているので、架橋だけでなく、海底トンネル高速鉄道完成に向けて秘かに邁進しているのではないかと推測される。したがって掘削機ごとき、などと侮っているわけにはいかない。盲点だ。）

●深海7000メートル級有人潜水艇「蛟龍《こうりゅう》号」

中国船舶集団有限公司第702研究所・葉聡《ようそう》副所長は7000メートル級有人潜水艇「蛟龍号」建設に携わってきた。2001年に着工した当時の中国の潜水能力は600メートル未満だったが、「今や600メートルから最大記録の1万メートルまでという、世界最大級の有人潜水艦へと発展しつつある」と葉聡は述べた。事実、中国科学院が製造に関わった深海潜水艇「奮闘者」号は1万メートルの深海に潜る試験運行に成功し、これを中国では「万米海試」と称する（米＝メートル）。

くり返すが、トランプ前大統領が中国に対して厳しい制裁をかけ始めたのは、習近平のハイテク国家戦略「中国製造2025」の恐ろしさを知ったからだ。しかし、かつての日本のようにアメリカの制裁で半導体が沈没したのと同様な現象は、中国ではなかなか起きにくい。制裁を受ければ受けるほど新たな道を模索して挑戦し、気がついたら誰も注意していなかった分野で世界一になっていることが頻発している。それを本章の三や四、五で考察してみたい。

三　欧米が恐れる「中国製造業が巻き起こす津波」

2024年4月4日、フランスのメディアＲＦＩ（Radio France Internationale）の中国語版は〈欧米は中国工業の天変地異的津波の到来を厳重に警戒している〉という見出しの報道をした。記事は、

——2月末、何千台ものＢＹＤのＥＶを積んだ巨大船「エクスプローラー1号」が深圳《しんせん》から出航し、ドイツのブレーマーハーフェン港に入港した際、かつて中国の安価なソーラーパネルによってヨーロッパの太陽光発電製品が消し去られたという悪夢が再び襲ってきた。

という書き出しから始まっている。それによれば4月3日、ＥＵは市場競争を弱体化させるために不当な補助金を得ているとして、中国の太陽光エネルギー（太陽光電池）に対する調査を開始すると発表したとのこと。記事は続ける（以下、概略）。

——4月4日にはイエレン米財務長官が訪中したが、訪中前から米政府高官は「バイデン

政権は中国の過剰な工業生産や海外からやってくるダンピングが、アメリカの関連産業の発展に支障をきたすことを懸念している」と警鐘を鳴らしていた。イエレン長官は、中国が安価な製品の拡散を抑制するよう中国政府に圧力をかけるだろう。

ＥＵは２０３０年までに再生可能エネルギーを現在の22％から42・5％に引き上げる目標を掲げている。ＥＵのブルトン域内市場担当委員は「太陽光電池は欧州にとって戦略的に重要だ……中国に対する調査は、欧州の経済安全保障と競争力を保護することを目的としている」と述べた。

太陽光電池の急速な普及は、世界市場における価格のダンピングの恩恵を受けていると同時に中国への依存度を高めている。ブリュッセルによると、ＥＵの太陽光電池の97％は「アジアの巨人」（＝中国）から輸入されている。それにより欧州のメーカーは大きなプレッシャーにさらされている。

中国は景気回復の鈍化と国内消費市場の低迷により、「ＥＶ、リチウムイオン電池、太陽光電池」に代表されるグリーン製品を世界に「投げ込み」、自国の経済を活性化させている。欧米は、中国が余剰エネルギーを世界に放出することで、新たなエネルギー政策の加速が打撃を受けることを恐れている。

「中国の産業津波」という表現は決して「はったり」ではなく、現在の中国が「製造業の超大国」になっていることを示す。ＯＥＣＤによると２０２０年、中国製造業の生産額は世界全体の35％を占め、１位にランクされているだけでなく、他の９つの製造国を合わせた比率よりも大きいのだ。中国の国内消費が低迷すれば、世界的な製品のダンピングは世界の産業、経済、政治生態学にまで影響を与えるだろう（記事の引用はここまで）。

図表7-5：世界一の製造大国「中国」

世界製造業における各国の割合

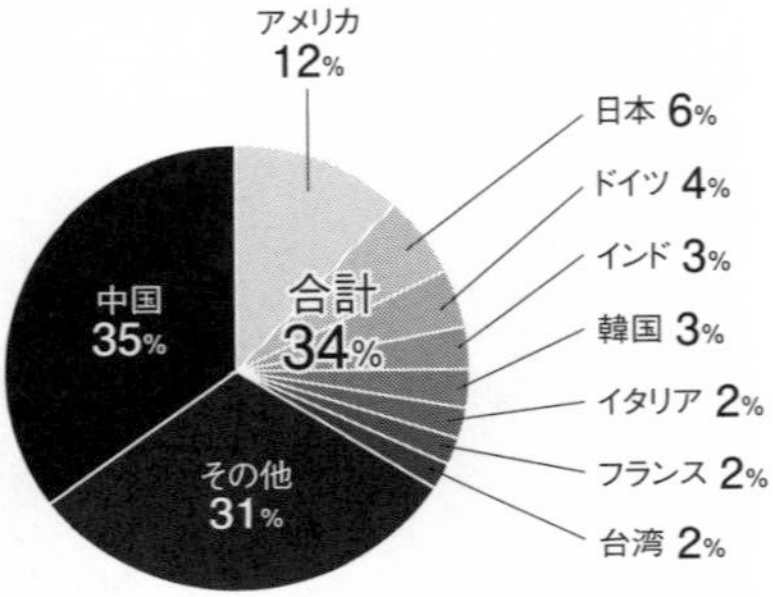

出典：OECD2023年データに基づき筆者が日本文で作成

おお！

なんとＲＦＩにも出てくる「ＥＶ、リチウムイオン電池、太陽光電池」こそは、中国で真っ盛りの「新三様」ではないか。「新三様」が中国国内外で花盛りになっているとは——。

記事の最後にある「ＯＥＣＤによる中国製造業の生産額が世界全体の35％を占めている」という事実をＯＥＣＤのデータに基づいて書くと、図表7-5のようになる。ただしＲＦＩには「他の９つの製造国を合わせた比率よりも大きい」と書いてあるが、これは「８つ」のまちがいだろう。

図表7-6：世界唯一のリチウムイオン電池の覇者「中国」

2021年のEVリチウムイオン電池の国別生産シェア

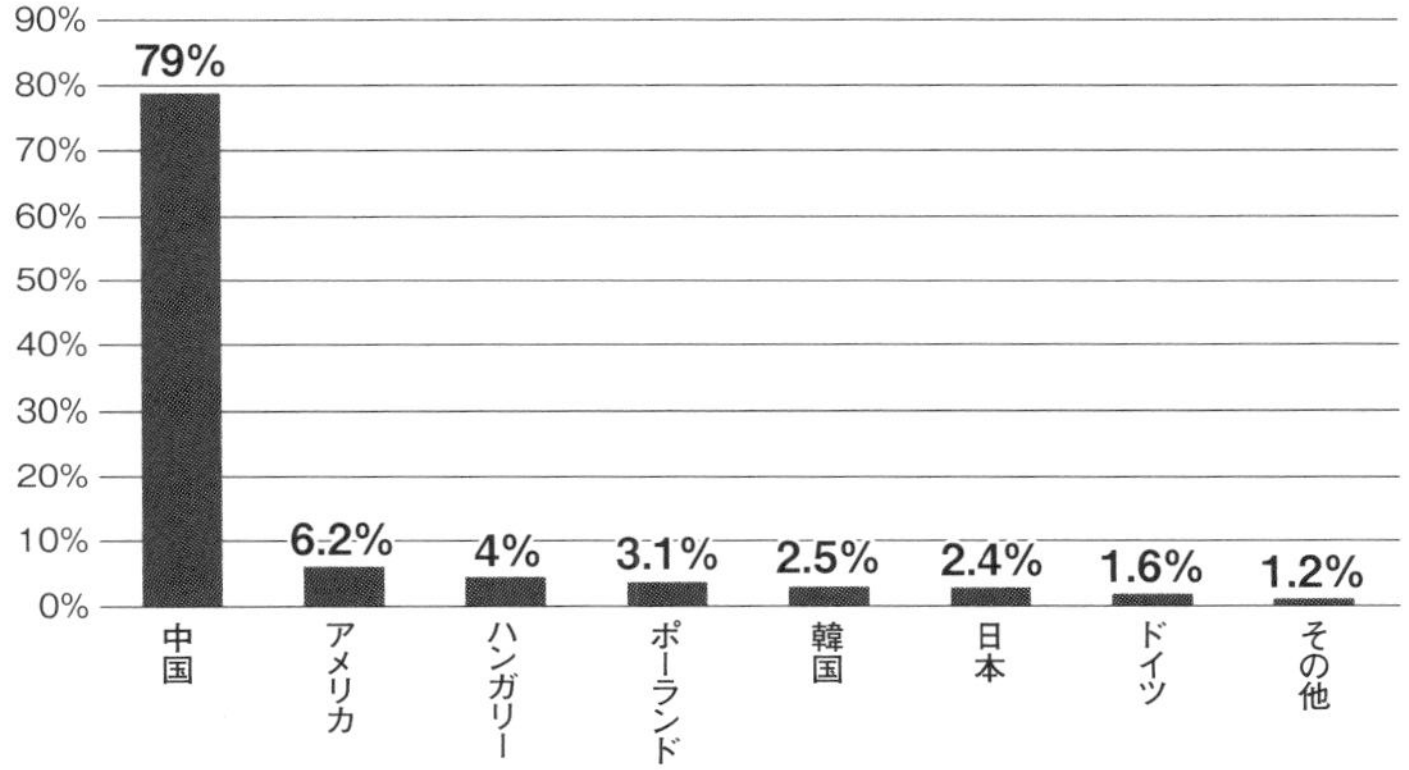

出典：STATISTAのデータに基づき筆者作成

OECDのデータでは「他の8つの国」でないと計算が合わないので、本書ではOECDのオリジナルなデータに基づいて図表7-5を作成した。

たしかに「中国35%」に対して、「アメリカを含む他の8ヵ国合計34%」となっており、中国が圧倒的に世界一であることが見て取れる。

なかんずく第五章の図表5-5（149ページ）で示したように今、注目のEVに関する中国の販売台数は、ただ単に世界一というだけでなく、中国以外の残りの国・地域の合計販売台数の1・6倍に至っている。

EV産業を支えるのは何か？

それこそがリチウムイオン電池で、図表7-6に示したのは、このリチウムイオン電池に関してドイツに本拠地がある多国籍シンクタンクSTATISTAの2021年データをグラフ化したものである。

最新データとして2021年データしかないが、なんと世界の79％を中国が占めている。中国以外の国の生産量を総計しても中国には遠く及ばない。2024年ではもっと激しく差がついているだろう。

リチウムイオン電池は、バッテリーのマイナス側に「アノード」と呼ばれる「負の電極」があり、バッテリーのプラス側には「カソード」と呼ばれる「正の電極」がある。二つの電極の間には、イオン電導体である「電解質」あるいは「電解液」と呼ばれる物質がある。二つの電極の分離や折衝防止のために、両極間にセパレーター（隔膜）を置く。

リチウムイオンが電解液の中を通って、アノードあるいはカソードに移動することでエネルギーを充電したり（貯めたり）、放電したり（使ったり）するのがリチウムイオン電池だ。

2023年5月16日のニューヨーク・タイムズは〈中国なしで世界はEV用バッテリーを製造できるのか？〉という見出しで、これらの構成要素「アノード、電解液、セパレーター、カソード」のほとんどが中国製であることを詳細に分析している。冒頭で「これは私たちの時代を特徴づける競争の一つだ。今のところ唯一の勝者は中国だ。数十年かかっても他の国は中国に追いつけない」と嘆いた上で、報道は以下のように解説している。

――中国における生のリチウム埋蔵量は決して多くはないが、レア鉱物の精製技術においては、中国の右に出る国はない。なぜならレア鉱物の精製は凄まじい粉塵《ふんじん》を巻き上げ

図表7-7：EV製造全過程において圧倒的シェアを誇る「中国」

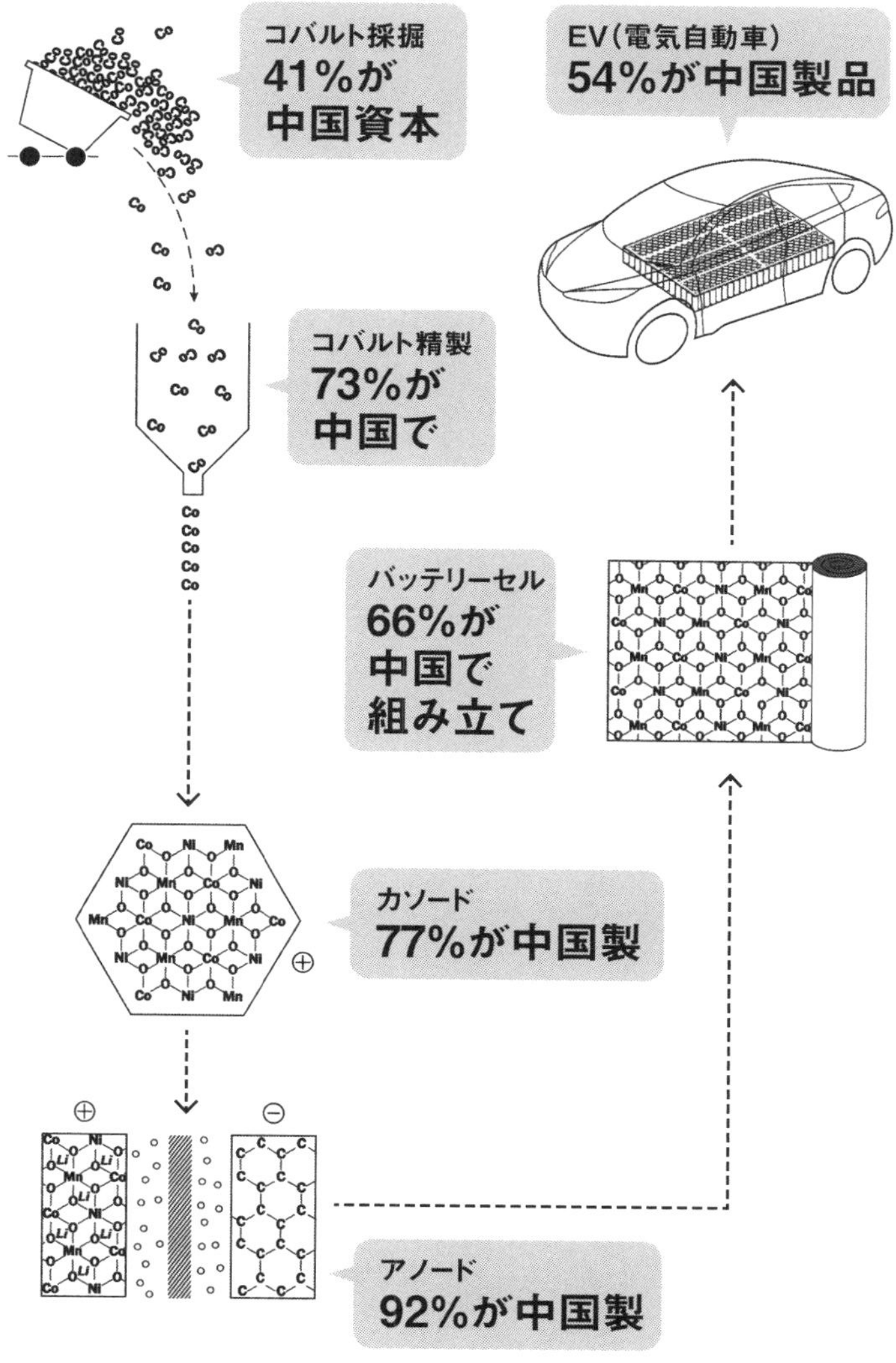

出典：ニューヨーク・タイムズの図表を基に筆者が翻訳編集

るため環境汚染につながるだけでなく健康に害をなす。それでも労働者たちは長年にわたってその苦役に耐えてきた。今では環境汚染を招かない精製方法も編み出している。その結果、以下のような生産シェアを中国は持っている。

コバルト採掘：世界の41％が中国資本／コバルト精製：世界の73％が中国で生産／カソード：世界の77％が中国製／アノード：世界の92％中国製／バッテリーセル：世界の66％が中国で組み立て／EV：世界の54％が中国製

これを図式化したのが図表7-7だ。現在使われている最先端のカソードは、「リチウム、ニッケル、コバルト、マンガン酸化物」の組み合わせ（NMCカソード）である。電池はより小さなスペースで大量の電力を蓄えることができ、電気自動車の航続距離を延ばすことができるようになった。現在、世界の「マンガンの95％、コバルトの73％、グラファイト（黒鉛）の70％、リチウムの67％、ニッケルの63％」が中国で精製されている。その結果、中国は世界のアノードの92％、カソードの77％だけでなく、セパレーターの74％、電解質の82％を製造するに至っている。

それに比べてアメリカは今、世界の正極（カソード）の約1％しか生産していない。

もし2024年11月の大統領選挙で政権交代が行われれば、もっと厳しい現実が待っているだろう（ここまでがニューヨーク・タイムズの報道）。

なお、使用済みリチウムイオン電池の廃棄処分法に関して、中国中央行政省庁の一つである工業と情報化部は２０１８年7月、「動力電池のリサイクルと新エネルギー車利用のトレーサビリティ管理に関する暫定規則」を公布し、２０１９年12月には「新エネルギー車用廃電力電池の総合利用に関する業界標準条件（２０１９）」を発表し、国家監視の下に置いた。結果、今ではＮＭＣカソード型のリチウムイオン電池における廃棄物回収率は「コバルト&ニッケル98％、リチウム90％」に至っている。リン酸鉄リチウム電池に関しては「炭酸リチウム95％、リン酸鉄95％」を回収している。中にはリチウム鉱石を購入して精製するより、回収して得た価格のほうが安い場合もあり、回収に関するリサイクルも達成しているようだ。

このようなことを可能ならしめたものの要因に、中国製のＥＶが安価であるという見落とせないファクターもある。

では中国製ＥＶがなぜ安いのかに関して、もう少し付加的な要因を考えてみよう。それには以下のようなことが挙げられる。

1．安い人件費と中国文化の特徴

一般に欧米先進国と中国の工場労働者の年収を比較すると、同じ仕事をする場合、欧米の人たちは中国人の3倍から6倍程度の年収を得ている。それは1人当たりのＧＤＰの差を見ても明らかだろう。

また整然と指示に従う中国人気質と、自己主張が激しく不満があるとすぐにストライキを起こす欧米文化の違いなども、安価な中国製品に大きく影響を与えている。この気質の違いは中国共産党が統治するはるか昔から存在し、大きく分ければ東洋文化と西洋文化の違いでもある。オバマ元大統領夫妻が所有する映画会社が製作した映画「アメリカン・ファクトリー」（2019年公開）はその違いを描いたものだ。なんとかアメリカに「工場」を定着させようと試みるが、アメリカ人従業員が自己主張ばかりしてストを起こし、工場は破綻しかける。そこで中国大陸からブルーカラーのチームを呼び込んだところ、一瞬で工場が機能し始めるという「アメリカ文化の絶望」を描いた映画だ。ここに中国成功の理由の一つがある。

2. 中国ではエネルギー資源が安価

第五章で詳述したように、中国は安価な石油や天然ガスをロシアから輸入している。特にウクライナ戦争が勃発したあと、アメリカは欧州諸国にロシアからの石油や天然ガスを輸入してはならないと強要した。そして「天然ガスはアメリカから輸入しろ」として安価なエネルギー資源の入手ルートを断たせたので、欧州でのエネルギー資源が急騰したのは自業自得だ。

特にドイツなど、20年近くもかけてロシアとともに建設してきた海底パイプラインであるノルドストリームを、アメリカのバイデンの策略によって爆破されてしまった（この証拠はすでに十分に上がっていると判断していいだろう）。ロシアが海底パイプラインを建設しなければならなかったのは、それまではすべてウクライナを経由して欧州向けの天然ガスを輸出していたのに、ウクライナで賄賂や腐敗がはびこり、天然ガス配布拠点で「ガス抜き」が続いていたからだ。この「ガス抜き」は関係者に莫大な利益をもたらしており、そこにつけ込んだのがバイデンの息子ハンター・バイデンだった。この物語を語り始めたら、また別途一冊の本ができ上がってしまうので筆が走るのを抑えなければならないが、欧州は「文句を言うならバイデンに言え」と言わなければならない深～い背景がある。

これが中国産ＥＶと欧州産ＥＶの価格の劇的な差をもたらしている大きな要因の一つだ。

3．中国ではサプライチェーンがすべて国内にある

第五章で述べたように、１９８０年代に中国が乗用車を製造するための協力企業を世界に求めたとき、日本企業はそっぽを向き、名乗りを上げたのはドイツのフォルクスワーゲン（ドイツ語で「国民の車」）だった。中国では「大衆」と翻訳されて定着し「上海大衆」や「一汽大衆（長春）」などがある。それを日本人にわかりやすいように「中国フォルクスワーゲン」として名づければ、「中国フォルクスワーゲン」のＥＶが使っているバッテリーは、世界の第一線で活躍している「寧徳時代新能源（エネルギー源）科技有限公司」（ＣＡＴＬ）だ。ＣＡＴＬは福建省寧徳市にある。国内なので運搬費も格安なら輸入のための税もかからない。

ところがフォルクスワーゲンだけでなく欧州のEVのバッテリーは主として韓国サムスンSDIから輸入しているので、大幅に高価なものになっている。ドイツ本場のフォルクスワーゲンと「中国フォルクスワーゲン」の価格差を広げ、車種によってはドイツ製が中国製の2倍から3倍の価格になる場合がある。同じ車種ならドイツ国民は安価な中国製を買うに決まっている。特にウクライナ戦争後は国の財政の多くはウクライナ支援に使われていて、庶民の生活は日に日に厳しくなるばかりだ。同一車種だから機能もデザインも同じなので、ドイツ国民が安価な中国製を選んでしまうのである。ときには同じ車種でも中国製のほうが機能の高い場合さえあり、その傾向は加速している。

他のサプライチェーンに関しても同じで、中国では何もかも中国国内に完結したサプライチェーンができ上がっている。安価に製造できるのは当然だ。

4．中国は早くからEV生産に着手している

くり返しになるが、習近平は2015年3月にハイテク国家戦略「中国製造2025」を発布している。すると、それを受けて中央行政省庁の工業情報化部は3月24日に【2015年第22号公告】において、「新エネルギー車を開発促進するために、EV業界における電池生産に関する規範条件を制定する」としている。したがって習近平が新エネルギー車開発に向けて最初に号令を発したのは2015年3月であったとみていいだろう。

こういった流れの中でテスラの創業者イーロン・マスクが中国にやってきた。

中国では外資による企業を設立する場合は、必ず中国側資金との合弁でないと許可されない規制があった。おまけに、たとえフィフティ・フィフティであっても、51％（中国側）対49％（外資側）というギリギリの線での中国の優位性を保ってきた。それを破らせたのがテスラのイーロン・マスクだ。2018年5月10日、テスラは初めて中国現地企業との合弁ではない「独資の外資系企業」として、香港法人を株主とする「テスラ（上海）有限公司」の営業許可証を獲得したのである。

このときに功績のあった李強は現在、「新チャイナ・セブン」の党内序列ナンバー2として国務院総理の地位を手に入れている。

注目すべきはテスラ導入のときの習近平の決断だろう。2018年4月、習近平は「新エネルギー車専業であるなら、合弁の際の出資制限を年内に撤廃する」と決定したのである。

この瞬間こそが、「中国製造の津波」を起こした「パラダイム・チェンジ」が加速された瞬間であったと言っても過言ではない（習近平とイーロン・マスクの秘話は次項に）。

こうして中国内で「比亜迪（BYD）」や中国フォルクスワーゲン、あるいは最近ではシャオミーの参画もあり、テスラとともに価格競争時代に入り、中国のEVのコストダウンに貢献している。もちろん中国国内における市場規模の大きさも大きく貢献しているが、これが「中国製造業の津波」として欧米を襲っているのである（中国のEVが安価な理由は以上）。

こうしてドイツのフォルクスワーゲンのEVは失速し、２０２３年12月に一時的な「エンジン車回帰」を表明したほどだ。２０２４年３月29日、スマホのシャオミーが２０２１年３月にEVに着手すると宣言してからわずか３年しか経ってないのに、高性能のEVを開発したと発表した。ほぼ時を同じくして２０２４年２月27日には、アメリカのアップル社が10年の歳月をかけて手掛けてきたEVの開発を中止すると発表している。

これは非常に象徴的な出来事と言わねばなるまい。

環境問題を重視しないトランプが大統領に再選されれば、この傾向はさらに加速する。どんなにアメリカが規制をかけてきても、もう後戻りはできない。

２０２３年12月７日から８日にかけて欧州理事会議長シャルル・ミシェルと欧州委員会委員長フォン・デア・ライエンが訪中して習近平と会談し、２０２４年３月27日には訪中していたオランダのルッテ首相が習近平と会談、４月１日にはフランスのセジュルネ外相が訪中、４月４日にはイエレン米財務長官が訪中、４月14日にはドイツのショルツ首相が訪中して16日に習近平と会談、４月24日にはブリンケン米国務長官が訪中して26日に習近平と会談……。

北京詣では続くが、中国製造の力はもう逆戻りはしないだろう。

もっともオランダに関しては、アメリカが対中制裁をしている半導体製造装置の問題がある。オランダにとって大きな市場である中国に対して制裁はしたくないが、アメリカによる命令に近い要求に逆らうこともできず、実は非常に困っている。それでも北京詣でをしたのはEVなどに関する「大津波」を中国が起こしているからで、習近平はルッテ首相に対して「中国国民にも発展に向けた正当な権利があると主張した」とCCTVは報じている。

なお2024年3月24日に北京で開かれた「中国発展高層論壇（中国経済フォーラム）」でIMFのゲオルギエバ専務理事は2024年の中国に関して、「中国は分岐点に立とうとしている。過去に成功を収めた政策（=組み立て工場政策）に頼るか、質の高い成長という新時代を目指して政策を刷新するか、どちらかだ。もし後者を選ぶことができれば、習近平が率いる中国経済は今後15年間でGDPを20%拡大できる可能性がある」旨の発言をしている。

それこそが本章の二で説明した、習近平が執拗に提唱している「痛みをともなう構造改革」であるところの新時代の「高質量発展」であり、本章で指摘した「パラダイム・チェンジ」なのである。もしIMF専務理事の予言が正しければ、「GDPの量から質への転換」は、**GDP20%拡大という時代をもたらす**のかもしれない。

言論弾圧をする中国共産党は受け容れられないものの、この事実は客観的に考察すべきではないだろうか。

四　習近平とイーロン・マスクの秘話

中国がEV界のトップに躍り出るまでには、まさに「禍福《かふく》はあざなえる縄」のごとき複雑で運命的な物語があり、それは習近平とイーロン・マスクとの出逢いに焦点を結ぶ。

話は毛沢東までさかのぼる。朝鮮戦争で中国人民志願軍の命知らずの勢いを見たアメリカのマッカーサー（連合軍総司令官）が中国に原爆を落とすと威嚇していた。そのため毛沢東は朝鮮戦争休戦後、直ちに原子爆弾と弾道ミサイルの開発に取り掛かり、海外から呼び戻した２人の人物がいることは前述した通りだ。一人はフランスのキューリー研究所にいた銭三強博士、もう一人はアメリカにいたロケット工学の銭学森博士だ。毛沢東に「火箭王（ロケット王）」と呼ばれた銭学森は、１９９２年になると「電気自動車を開発すべきだ」と国務院に提案した。ガソリン自動車の技術で中国は西側諸国に立ち遅れているが、電気自動車の開発なら世界で同じスタートラインに立てると主張したのである。

この考えに大きな影響を受けた技術者に万鋼《ワンガン》という男がいる。彼は上海の（もともとドイツ留学のために建てられた）同済大学の修士課程にいたときにドイツの大学の教授に見込まれドイツに留学し、工学博士学位を取得した。ドイツのアウディ自動車に長年勤務したあと、１９９

9年に中国に帰国し、国務院に「新エネルギー車の開発」を提案した。2004年7月から同済大学学長に就任するのだが、習近平は2007年3月から上海市の書記に就任している。

しかし万鋼は2007年4月27日に突如、中央行政省庁の科技部部長（大臣）に任命される。実は筆者自身は、それまでの徐冠華《じょかんか》科技部部長（任期2001年2月～2007年4月）とは面識がある。というのも尾身幸次議員が科学技術担当大臣だったとき、突然尾身大臣から切羽詰まった電話があり「どうしても直ぐに徐冠華科技部長に会いたいので何とかしてくれ！」と頼まれたからだ。北京の日本大使館を通したところ、3ヵ月はかかると言われ「待てない！」と激怒しておられた。やむなく筆者は個人のルートを使って、わずか「3日間」で徐冠華部長との面会を決めてあげたという、アクロバット的な経験がある。もちろん面会には同行した。そんなわけで科技部の部長には強い関心を持っており、万鋼に決まったことが印象的だった。なぜなら万鋼は共産党員ではなく、八大民主党派の一つ「致公党」の党員なのに、部長になったからだ。こういう前例はあまり多くない。

一方、同済大学の学長の任期は7月末までなので、習近平と万鋼が接触する機会が上海で何度かあった。たとえば2007年5月11日に同済大学で開催された李嵐清《りらんせい》（元国務院副総理）の印鑑展覧会には習近平も万鋼も出席して祝辞を述べている。

何よりもこのとき、拙著『習近平三期目の狙いと新チャイナ・セブン』で詳述した「根っからの技術屋」丁薛祥《ていせつしょう》（現在、党内序列6位）が上海にいたことだ。万鋼は銭学森が新エネルギー車を提案していたことを強調しただろう。『習近平　父を破滅させた鄧小平への復讐』で書いたように、習近平は毛沢東をこの上なく尊敬している。あの銭学森が提案していたとなれば、自分も「新しい中国」を創ろうと思ったにちがいない。

２００７年10月の党大会で「チャイナ・ナイン」入りした習近平は、２００８年3月には国家副主席になった。すると２００８年春に万鋼はサンフランシスコに行き、イーロン・マスクに会っている。習近平は万鋼や丁薛祥とともに習近平政権時代に入ったら発表するつもりのハイテク国家戦略「中国製造２０２５」の素案を練っていたにちがいない。２０１２年11月の第18回党大会で中共中央総書記に選ばれた習近平は、すぐさま「中国製造２０２５」の諮問委員会を結成させ、柱の一つとして「新エネルギー車の開発」を盛り込ませた。

「中国製造２０２５」は２０１４年末にはでき上がっていたが、形式上全人代初日の２０１５年3月5日に政府活動報告として国務院総理（李克強）が読み上げ、3月25日に国務院常務委員会で決議し、印刷物としては5月19日に発布された。興味深いのは同年10月に習近平の管轄下にある清華大学経済管理学院の顧問委員会委員にイーロン・マスクが選ばれたことだ。

新エネルギー車開発の真の功労者は万鋼であったと言えるが、しかし習近平にしてみれば、その最初の提唱者が銭学森であったことが大きかっただろう。毛沢東が「新中国」を建国した

図表7-8：イーロン・マスクとガッチリ握手する習近平

出典：CCTV

ように、自分は「新時代の中国」を創り出して見せる。そのためには新エネルギー車とその動力となるリチウムイオン電池の開発に死力を尽くし、パラダイム・チェンジを起こすのだ！

習近平にとっては、その**野望を実現させるためにイーロン・マスクが必要**だった。

「白い牙」を潜ませながら、彼を中国側に引き寄せておくためなら何でもする。

２０２３年11月18日、サンフランシスコで開催された米国友好団体連合が主催した習近平歓迎レセプションでは３００人ほどの中国でビジネス展開をしている大手米企業家が集まったが、バイデンとの会談とは打って変わって習近平への熱気に満ちた期待が会場にあふれていた。もちろん会場にはイーロン・マスクがいて、彼は壇上に上がり緊張した面持ちで習近平と握手をした。その写真を図表７-８に掲載する。

また2024年4月28日、イーロン・マスクは突如北京に現れ、李強国務院総理らと会っている。本来、インドに行くと言われていたのに、インド行きを突然北京行きに変えたのにはインドでの選挙に影響を与えたくないという判断があったとも言われている。しかし選挙は早くからわかっていたことで、本当の理由は違うところにあると思う。

本当の理由は以下の二つではないのか。一つは第六章で書いた紅海における災難に遭ったり、ベルリン工場の放火事件などに遭ったりしたため、テスラの2024年第1四半期の販売台数が10％も減少していた。それにともない世界レベルで10％の従業員（約1・4万人）のリストラを行わざるを得ないところに追い込まれていた。テキサス州とカリフォルニア州だけでも合計6000人のリストラを行い、中国では内定者全員を取り消す事態に発展していた。

そこに助け舟を出したのが習近平なのである。これが二つ目の理由だ。実はこれまでテスラ車のセントリーモード（駐車中の監視機能）が問題視され、政府機関や空港などの施設へのテスラ車の立ち入りが禁止されていたのだが、それを解除したのだ。中国自動車工業協会はテスラ車が自動車データ処理安全基準を満たしていることが判明したと発表したのである。この通知は事前にイーロン・マスクに知らされていたのだろう。この発表がされた日にイーロン・マスクは北京で李強総理と面会していた。

習近平とイーロン・マスクの二人三脚は、今後もしばらくは続くものと考えられる。

長期的に見れば、ここでもアメリカの中国に対する威嚇が、結局のところ中国を強くしていると言えるのかもしれない。なお、2022年9月27日に挙行された安倍晋三元総理の国葬に参列した中国の代表は、致公党の万剛その人であった。

五 中国製港湾クレーンはスパイ兵器だ！ 米国が新たなカード

欧州から「中国製造業の津波がやってくる！」という悲鳴が聞こえる中、アメリカではまた「中国製工業製品がスパイ行為をやっている！」という新たなカードが切られていた。「安全保障上の脅威がある」＝「スパイ行為をしている」という難癖をつけて、自国よりも上に上り詰めてきそうな他国の産業分野を潰すのはアメリカの常套《じょうとう》手段だ。日本でもかつて半導体を潰されてしまったことは前述の通りだ。アメリカの言うことに逆らえない日本は慌てて指示通りに動き、日の丸半導体は沈没してしまったのを知らない人はいないだろう。

しかし、中国の場合はそうはいかない。中国の中央テレビ局CCTVは2月26日「今日亜州（アジア・トゥデイ）」という番組で図表7-9に示すような**〈中国製クレーンが「スパイ兵器」だって？ 米国は再び「国家安全保障カード」を切った〉**というタイトルの特集を組んだ。そのCCTVの概要を通して、日本には知られていない中国経済構造の新たな側面を考察しよう。CCTV

図表7-9：スパイ容疑のかけられたクレーン？

CCTV 4
中文国际
CCTV.com
新闻眼
NewsWatch
中国起重机成"间谍武器"？美又打"国家安全牌"
美媒：白宫计划5年投200亿美元替换中国造起重机
今日
亚洲
1:33 / 10:19
倍速
高清

出典：CCTV番組「今日亜州」より

は以下のように報道している。

ブルームバーグ

ブルームバーグのテレビ局がロサンゼルス港湾事務局ジーン・セロカ局長との対談を報道。テレビ局側の「最近、米国では中国製クレーンがいわゆるスパイ兵器として宣伝されていますね」という問いに対して港湾事務局長は「中国製クレーン業者はデータを収集し、情報を調べている。ロサンゼルス港の企業の53％が中国と貿易関係を持っている。問題はデータをどのように使用するかだ」と回答している。さらに事務局側は「中国製クレーンは国家安全保障に潜在的なリスクをもたらすが、このような巨大なコンテナ荷役機械を製造できる国はほとんどないため、この問題を解決するのは難しい」と述べた。そして「ここ米国でこの産業をどうやって生み出すことができるのだろうか？　高さ１７５～２００フィートの港湾クレーンですよ」と嘆いた。

ウォールストリート・ジャーナル

ウォールストリート・ジャーナル紙によると、バイデン大統領は2024年2月21日、港湾クレーンに代わる新型港湾クレーンの国内での生産を含め、今後5年間で港湾警備に200億ドル以上を投資することを提案する大統領令に署名した。国家安全保障に対する潜在的な脅威を排除するためだ。同時に米国沿岸警備隊は、アメリカの戦略的港湾に現在配備されている外国製クレーンに特定のデジタルセキュリティ要件を満たすことを要求する指令も発表した。実際、アメリカの政治家たちはほぼ1年前から中国製クレーンに注目していた。特に国防総省や国家安全保障当局者の中には、中国の上海振華重工（ZPMC）製の貨物用クレーンを「トロイの木馬」と警戒する者さえもいた。

日本の三井E&S米法人が米国内クレーン生産を代替

ホワイトハウスによると、日本の三井E&S米法人が代替クレーンを生産する予定で、国内でクレーンを生産するのは30年ぶりとなるとのこと。

中国製クレーンを代替するという決定には、一部の港湾関係者も驚いた。

バージニア港の広報担当者は2月24日、中国振華重工にクレーン8基を発注したばかりで、そのうち4基は今年末には中国から納入されることになっているとの声明を発表した。バージニア港は中国製クレーンが安全で信頼できると考えており、使用前にサイバーセキュリティ検査を実施している。それでも連邦当局との協議はまだ終わっておらず、スパイ活動やその影響の可能性についての報告は受けていないと述べた。

米国港湾管理者協会も「警戒心を煽るメディアの報道にもかかわらず、米国の港ではクレーンによる安全違反は今のところ知られていない」と述べている。

中国側の反応

中国外交部の毛寧《もうねい》報道官は2月23日の定例記者会見で「中国の遠隔操作港湾クレーンによるデータ収集など、まったくナンセンスだ。中国は、アメリカによる国家安全保障概念の一般化・武器化、国家権力の乱用、中国製品や企業への不当な弾圧、経済貿易問題の政治化・武器化は、世界の生産サプライチェーンにおける安全保障リスクを悪化させるだけだ。最終的には他国に損害を与えることに断固反対する」と強く批判した。

上海振華重工の取締役会秘書室は、「ZPMCのアメリカ事業は10%未満なので、本件による同社への影響は比較的限定的である」と述べた。

港湾は貿易の主要な出入口として3100万人が雇用され、アメリカ経済に毎年5兆4000億米ドル以上の収益をもたらしている。そして中国製の港湾クレーンは世界最大の市場シェアを占め、200基以上が稼働している。現在、世界中の港湾や規制施設で使用されている中国製クレーンは、アメリカで稼働している**港湾クレーン総使用量の80％近くを占めている。**

オバマ元大統領演説中のハプニング

10年ほど前のことになるが、オバマ元大統領が港湾で演説していた最中に、ある「隠ぺい工作」がばれてしまったことがある。

始まりは1994年、フロリダ州マイアミ港が振華重工業から一度に4台の「超大型ネオ・パナマックスクレーン」を購入したことだ。これは当時の中国の製造分野で画期的なことだった。

そして2013年、オバマ元大統領はマイアミ港海洋ターミナルで演説し、アメリカの製造業を強化するよう奨励した。背景にあるクレーンが中国振華重工製だったため、その商標ZPMCを星条旗で覆っていた。演説の内容と現実が一致しないと恥ずかしいと思ったのだろう。ところが演説中に強風にあおられ、星条旗がめくれ上がってZPMCの商標がばっちり露出し、会場は騒然となった。まさに「化けの皮が剝《は》がれた瞬間」だ。

図表7-10に示すのは、その場面の写真である。

バイデン大統領の港湾での演説背景にも中国製クレーン

2021年11月、バイデンはメリーランド州ボルチモア港を訪れ、インフラ計画について演説した。演説はオバマのときと同様、振華重工が製造したネオ・パナマックスクレーンがある海洋ターミナルを背景に行われた。そこにあった4台の中国製ネオ・パナマックスクレーンは

図表7-10：化けの皮が剝がれた瞬間

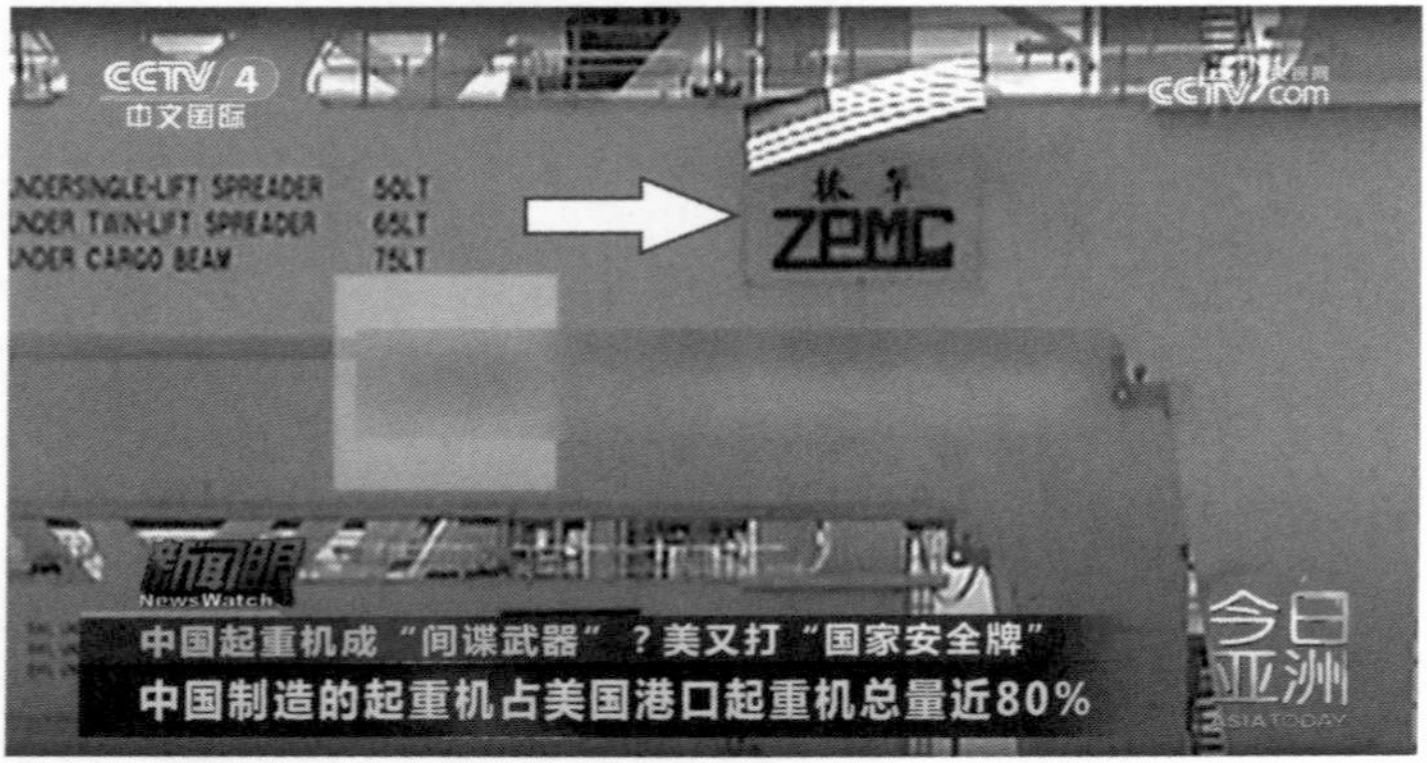

出典：CCTV番組「今日亜州」（矢印は作者）

バイデン演説のわずか2ヵ月前にボルチモア港に到着したばかりだった。このクレーンは高さ約137メートル、重さ約1740トンで、車50台分に相当する約85トンのコンテナを吊り上げることができる。これを使用すると、船体を回転させる必要がないので、港湾業務が大幅に向上する。

アナリストらは、トランプ政権はファーウェイ通信機器の規制を強化し、バイデン政権は標的を中国製クレーンにまで拡張したと解説している。

英KHLが調べた世界大手クレーンメーカーのランキング

番組は続けてイギリスのKHLグループが発表した2023年世界最大手クレーンメーカー上位10社の一覧表を紹介している。それを日本語に訳して見やすいようにしたのが図表7-11だ。

上位10大企業に中国企業が4社も入っている。特に振華重工（ZPMC）は世界最大の港湾機械および重機メ

図表7-11：2023年のクレーンメーカーランキング

ランキング	企業名	企業所在国
1	リープヘル	ドイツ
2	コネクレーンズ	フィンランド
3	XCMG機械	中国
4	カーゴテック	フィンランド
5	振華重工	中国
6	ズームライオン	中国
7	マニトウォックカンパニー	アメリカ
8	三一重工	中国
9	タダノ	日本
10	パルフィンガー	オーストリア

出典：CCTVの番組に掲載された図表（英KHLデータ）を筆者が和訳し調整

ーカーであり、世界のコンテナ・クレーン受注で18年連続で世界第1位にランクされている（とCCTVが報道）。ちなみに8番目にある三一重工は日本の東日本大震災の際に大型クレーン一機を寄付している。

他国の発展を阻害しても自国の生産能力向上にはつながらない

番組は中国国際経済交流センターの研究者に、概ね以下のように語らせている。

●世界経済における自国の優位性を維持するために、アメリカは国家安全保障概念を一般化して、経済・貿易・技術問題を政治化し武器化している。

●（ファーウェイのような）ミクロな半導体技術から始まり、今度はクレーンのようなマクロなインフラ技術に至るまで、あらゆる分野で少しでも中国が発展しそうな分野があると、それを叩き潰して自国が優位に立てるような策略を継続している。

●しかし、**他国を抑圧することによって自国を向上させることはできない。**国内代替を達成するために他国製品を排除することは短期的な効果しかない。
●しかもアメリカの対中抑圧策は、国際貿易の基本規範に完全に違反しており、自らが常に誇示してきた自由市場の経済原則に反している（CCTV番組の概要紹介は以上）。

中国のネットでは「美国说了就算吗？（アメリカが言いさえすれば、それで済むのかい？）」という不満が渦巻き、「世界の秩序はアメリカの都合で決めるのか」という非難に満ちている。

２０２４年2月16日から18日にかけて開催された「ミュンヘン安全保障会議（ＭＳＣ）」に先立ち、２月12日に公開された「ミュンヘン安全保障指数２０２４」の表紙には〝**Lose-Lose?**〟という文字が大きく書いてある。これは「ミュンヘン安全保障会議２０２４」に秘められている哲学的軸で、「誰もが損をするゼロサム思考の悪循環から抜け出すには、どうすればいいか」というテーマを指す。今さら言うまでもないが、〝lose〟は「失う」「利益がない（損をする）」、あるいは「負ける」という意味だ。したがって〝Lose-Lose〟は「双方が損をする」を意味する。反対語は〝Win-Win〟（ウィン-ウィン）だ。

アメリカは対米隷属《れいぞく》的でない大国が現れるのをもっとも嫌い、かつてはＮＥＤを使ってソ連とその衛星国などを倒し、今はロシアと中国を潰そうと躍起になっている。しかし対米従属をする国の数は、全世界の中で40ヵ国程度に過ぎず、残りの全人類の85％の人々は対露制裁を拒否している。ということは「非米陣営」として中国側に立っていることを意味する。

「ミュンヘン安全保障指数２０２４」の表紙にある〝Lose-Lose?〟は、**「米一極のゼロサム戦略には勝者はいない」**ということを意味している。アメリカとその従属国は、中露を潰そうとして金融制裁まで科している。しかし人類85％の「非米陣営」は、金融においてまでアメリカ離れを始めている。こうなると米一極のゼロサム戦略が生き残るとは考えにくい。

特に拙著『習近平が狙う「米一極から多極化へ」台湾有事を創り出すのはＣＩＡだ！』で詳述した通り、アメリカが中国を外そうとすればするほど、逆に中国と非米側陣営との結びつきが強化され、米一極時代の終焉《しゅうえん》を早めているのではないのかと思う。

トランプが戻ってくれば、ディールは強化してもネオコンが主導するＮＥＤ（全米民主主義基金）の力は弱体化するはずだ。欧州での大きな変動が起きるにちがいない。

習近平政権の外交戦略は、その是非は別として、〝Lose-Lose〟とは正反対の〝Win-Win〟を軸とした**「人類運命共同体」**だ。時代はゆっくり、しかし大きく動き始めている。それを見極める哲学的視点を日本人は持たなければならない。

嗤う習近平は今、「白い牙」を光らせながら、虎視《こし》眈々《たんたん》とその時勢に備えていることだろう。

おわりに

2024年2月26日夜10時、NHKは「映像の世紀　バタフライエフェクト」シリーズで「CIA　世界を変えた秘密工作」という番組を報道した。NHKのウェブサイトには以下の説明がある。

――アメリカ大統領直轄の情報機関「CIA」は、戦後のアメリカ外交を陰で支えてきた。世界の民主化支援という大義の下、極秘に他国へ工作員を派遣、秘密工作を仕掛けてきた。戦後まもないイランでは、巧みな世論操作で政権を転覆させ、莫大な石油利権をアメリカにもたらした。冷戦の時代、ソ連の衛星国ハンガリーでは、ラジオを使って反体制運動をあおった。南米チリでは、社会主義政権を親米政権に転換させたクーデターに関与した（NHKウェブサイトの説明は以上）。

ふと何の気なしに観た番組の、なんと素晴らしかったこと！

あのNHKがこのようなアメリカにとって不利な真実を報道するとは――。

番組では、アメリカが倒したいと思う国や倒したい政権の悪口を徹底して民衆に吹き込むことによって、民衆に「自分は正しいことをしており、正義と民主主義の側に立って民主化運動を推し進めているのだ」と思い込ませていく様が、みごとに描き出されていた。

ついこの間まで、白紙運動記念日として中国の民主化運動の芽を取り上げ、まるでＮＥＤの広告塔のような特集を組んでいたＮＨＫが、このような真実に目を向けた番組を報道したことに深い感動を覚えた。番組が終わると思わず立ち上がって拍手喝采《かっさい》したほどだった。

そうだ、その通りだ。

ＣＩＡ、そして「第二のＣＩＡ」となったＮＥＤは、まさに「世界の民主化支援という大義の下、極秘に他国へ工作員を派遣、秘密工作を仕掛けてきた」のである。

それを私は「民主の衣を着て」と表現してきたのだが、戦後の日本人はアメリカＧＨＱのコントロールによって精神構造を解体され、ＧＨＱが去ったあとはＣＩＡによって徹底して洗脳されてきた。今のメディアも政界も、実はＮＥＤの「民主の衣」によって操縦されている。その意味で日本の報道の自由度は非常に低い。

あまりにも根深く広く浸透したアメリカによるマインドコントロールは、その根深さと広範さゆえに自覚されないことが多い。私ごとき者が一人で真相を追いかけ公開したところで、日本人に気がついてもらうには、あまりに微力で、無力だ。

しかし、もしNHKがNEDの存在に気がついてくれたら日本は変わるだろう。初めて戦争へと誘い込むアメリカの呪縛《じゅばく》から解き放たれる日がくるはずだ。

あのNHKが「CIA　世界を変えた秘密工作」という番組を作る勇気を持ってくれたのだ。あともう一歩ではないか——。

日中戦争、国共内戦そして朝鮮戦争と三つの戦争を経験し、戦争を巻き起こすのは誰なのかを追究してきたが、最終的にNEDに行き着いてしまった。

きっとトランプが再選したら、NEDに斬り込んでいくことだろう。

なぜならNEDは今や、敵対国や他国の非親米政権を倒すことにだけでなく、その力を、アメリカの民主党を中心とした「ネオコン」に対立する国内のグループに向けているからである。その相手がトランプでありトランプ陣営だ。

しかしネオコンの中心にはユダヤ系アメリカ人がいる。金融界と同時に軍事産業を握っている。だからトランプが北朝鮮の金正恩と和解しようとしたときには、ネオコン一派の暗躍により和解工作は破綻してしまった。東アジアに平和が訪れたら、アメリカの軍事産業が成り立たなくなるので困るからだ。

ネタニヤフ首相と対立していてもイスラエルを応援するトランプに、NEDへの怨みを果たす勇気があるだろうか？

日本の未来は、いや、人類の未来は、NEDの存在を直視できるか否かにかかっている。中国の言論弾圧は決して受け容れられないが、NEDを直視する勇気を持ちさえすれば、中国の真相も、もう少し明確に見えてくるようになるかもしれない。

今では日本にもNEDに関して認識するようになった方たちが少なからずおられる。中でもビジネス社の唐津隆社長はこのテーマに深い理解と興味を示してくださり、いつも私を温かく励ましてくださった。本書執筆に当たっても、唐津社長が伴走してくださらなかったら、本書が世に出ることはなかったと確信する。心からの敬意と謝意を表したい。

また日頃からさまざまなテーマに関して多角的に討議を重ねてくださった中国問題グローバル研究所の白井一成理事とその仲間たちにも感謝したい。分析にあたり、大変参考になった。

本書が微力ながらも、少しでも戦争を回避することに役立てば、望外の幸せである。

2024年4月

遠藤　誉

<著者略歴>

遠藤誉（えんどう・ほまれ）
中国問題グローバル研究所所長。
1941年中国吉林省長春市生まれ。国共内戦を決した「長春食糧封鎖」を経験し、1953年に日本帰国。筑波大学名誉教授、理学博士。中国社会科学院社会学研究所客員研究員・教授などを歴任。Yahoo!ニュース エキスパートにてオーサーとして執筆中。
著書に『習近平が狙う「米一極から多極化へ」台湾有事を創り出すのはCIAだ！』『習近平三期目の狙いと新チャイナ･セブン』『ネット大国中国——言論をめぐる攻防』『チャイナ・ナイン 中国を動かす9人の男たち』『ポストコロナの米中覇権とデジタル人民元』（白井一成との共著）『習近平 父を破滅させた鄧小平への復讐』『ウクライナ戦争における中国の対ロシア戦略』『もうひとつのジェノサイド 長春の惨劇「チャーズ」』『「中国製造2025」の衝撃 習近平はいま何を目論んでいるのか』など多数。

嗤《わら》う習近平の白い牙

2024年6月12日　第1刷発行

著　者　遠藤 誉
発行者　唐津 隆
発行所　株式会社ビジネス社
〒162-0805　東京都新宿区矢来町114番地 神楽坂高橋ビル5F
電話　03(5227)1602　FAX　03(5227)1603
https://www.business-sha.co.jp

〈ブックデザイン〉大谷昌稔
〈本文組版〉茂呂田剛（エムアンドケイ）
〈印刷・製本〉中央精版印刷株式会社
〈営業担当〉山口健志
〈編集担当〉本田朋子

ISBN978-4-8284-2637-2